*Casamento,
divórcio e
novo casamento*

HERNANDES DIAS LOPES

Casamento,

divórcio e

novo casamento

© 2005 por Hernandes Dias Lopes

1ª edição: janeiro de 2005
10ª reimpressão: abril de 2023

REVISÃO
Heloisa Wey Neves Lima

CAPA
Cláudio Souto

DIAGRAMAÇÃO
Patricia Caycedo

EDITOR
Aldo Menezes

COORDENADOR DE PRODUÇÃO
Mauro Terrengui

IMPRESSÃO E ACABAMENTO
Imprensa da Fé

As opiniões, as interpretações e os conceitos emitidos nesta obra são de responsabilidade do autor e não refletem necessariamente o ponto de vista da Hagnos.

Todos os direitos desta edição reservados à

EDITORA HAGNOS LTDA.
Rua Geraldo Flausino Gomes, 42, conj. 41
CEP 04575-060 — São Paulo, SP
Tel.: (11) 5990-3308

E-mail: hagnos@hagnos.com.br
Home page: www.hagnos.com.br

Editora associada à:

Dados Internacionais de Catalogação na Publicação (CIP)
(CÂMARA BRASILEIRA DO LIVRO, SP, BRASIL)

Lopes, Hernandes Dias

Casamento, divórcio e novo casamento / Hernandes Dias Lopes. — São Paulo: Hagnos, 2005.

ISBN 85-89320-64-2

1. Casamento - Aspectos religiosos - Cristianismo
2. Divórcio - Aspectos religiosos - Cristianismo
3. Recasamento - Aspectos religiosos - Cristianismo
I. Título

04-7776   CDD 248.4

Índices para catálogo sistemático:

1. Casamento : Vida cristã : Cristianismo 248.4

Dedicatória

Dedico este livro ao precioso casal CENY E EVA
TAVARES, amigos mais chegados que irmãos,
companheiros de jornada e incentivadores do
nosso ministério.

Sumário

Introdução 9

Capítulo 1
Os perigos do casamento 13

Capítulo 2
Os fundamentos do casamento 21

Capítulo 3
Os propósitos do casamento 47

Capítulo 4
Os papéis no casamento 61

Capítulo 5
Os cuidados com o casamento 77

Capítulo 6
O divórcio: A dissolução do casamento 99

Capítulo 7
O novo casamento 143

Conclusão 155

Introdução

Em 1534 o rei da Inglaterra, Henrique VIII, precisou romper com a Igreja Romana e criar uma nova igreja, a Anglicana, para poder se divorciar e casar com Ana Bolena. Já vão longe os dias em que decisões tão drásticas precisavam ser tomadas para romper os laços do casamento e poder se casar novamente. Séculos depois, na mesma Inglaterra, o príncipe Charles e a jovem Diana protagonizaram, com requintes esplêndidos, o casamento do século. O jovem casal desfilou pelas alamedas de Londres em carruagens ricamente adornadas, sob os aplausos de numerosa multidão, ostentando riqueza e a promessa de um casamento cheio de idealismo. Mas, a riqueza e a ostentação não puderam garantir a felicidade para aquele jovem casal da família real. Um divórcio doloroso ganhou as páginas dos jornais pouco tempo depois. A vulnerabilidade daquele casamento tão decantado foi exposta sem rodeios. E tudo terminou alguns anos mais tarde com a morte trágica daquela bela jovem que conquistou o coração dos ingleses, mas não o coração do seu príncipe.

CASAMENTO, DIVÓRCIO E NOVO CASAMENTO

Muitos são os jovens que se casam cheios de sonhos, com a alma engravidada de expectativas alvissareiras. Mas todo aquele romance, que parecia garantir um casamento estável e feliz, transforma-se num pesadelo cheio de decepções e mágoas. Muitos estão céticos quanto à possibilidade de se construir um casamento verdadeiramente feliz. Outros têm medo de assumir um compromisso formal, e buscam apenas uma relação marital sem o selo do compromisso civil. Há aqueles que não se preparam para o casamento nem investem na relação conjugal. Entram no casamento com uma visão utilitarista e veem o cônjuge como alguém a ser explorado e não como alguém que deseja ser compreendido e amado. Um séquito incontável de homens e mulheres entra e sai do casamento sem nenhum constrangimento. Casam-se para se divorciar e divorciam-se para se casar.

Nosso propósito neste livro é fazer uma radiografia do problema da família, tratando das questões mais profundas de forma bíblica, prática e contextual. Não há nenhum assunto mais importante, urgente e vital do que o casamento. Se destruirmos este fundamento toda a estrutura familiar começará a entrar em colapso. Sem casamentos fortes teremos famílias anêmicas e doentes. A felicidade conjugal não é algo automático, é preciso construí-la com muito esforço, inteligência e determinação. O casamento é para aqueles que estão dispostos a investir o melhor do seu tempo, dos seus sentimentos e dos seus sonhos na vida do cônjuge. Casamento é como uma conta bancária, se você sacar mais do que deposita, você vai à falência.

Abordaremos aqui também a questão do divórcio. Nosso foco é compreender o que Deus tem a nos dizer sobre um assunto de tal importância. A Palavra de Deus é mais importante do que a opinião ou mesmo a experiência dos homens. As ciências humanas, as escolas psicológicas, a doutrina dos ativistas sociais,

INTRODUÇÃO

a opinião dos terapeutas e conselheiros matrimoniais devem se sujeitar à autoridade absoluta da verdade divina. O tempo passa, os costumes mudam, os valores morais se alteram, mas a Palavra de Deus permanece para sempre. Além de trazer um balizamento bíblico, daremos também um tratamento pastoral e terapêutico àqueles que foram feridos pelo divórcio e carregam as marcas do abandono. Nesta mesma linha, abordaremos a questão do novo casamento. Quando ele é legítimo? Em que circunstâncias Deus o aprova? Quem está apto a buscar reconstruir sua vida pelo caminho de um novo casamento? Estas questões vitais serão contempladas neste livro.

Minha expectativa é que através da leitura deste livro sua mente seja iluminada pela verdade, seu coração tocado pelo poder do Espírito Santo e sua vida fortalecida, restaurada e curada pela graça de Deus. Boa leitura!

Capítulo 1
Os perigos do casamento

LVIN TOFLER, em seu livro *A Terceira Onda,* afirma que a família é a causa principal dos nossos problemas.[1] A crise na família recua aos tempos mais remotos. No começo da história humana, Adão culpou Eva pela sua queda. Na família de Adão e Eva floresceu a erva daninha da inveja e da ira descontrolada, o que levou Caim a matar seu irmão Abel. O piedoso Noé ficou embriagado e o patriarca Abraão mentiu sobre sua mulher, para salvar a pele. Isaque acariciava sua esposa dentro do quarto, mas negava seu relacionamento com ela fora dos portões. Jacó enganou a seu pai e a seu irmão Esaú, usando o expediente da mentira. Os filhos do sacerdote Eli cresceram dentro da Casa de Deus, mas eram filhos de belial. Davi foi um homem de Deus, mas pôs sua vida, sua família e seu reino sob grande risco para satisfazer seus desejos lascivos. Ele cometeu adultério, mentiu, matou e colocou uma grossa máscara para esconder seu pecado. As famílias atualmente enfrentam esses mesmos problemas. Os tempos mudaram, mas nós não.

Vivemos grandes e profundas crises: econômica, social, política, moral e religiosa. O mundo está doente. Há angústia e

CASAMENTO, DIVÓRCIO E NOVO CASAMENTO

perplexidade entre as nações. A globalização enriquece alguns poucos e empobrece muitos. Os bolsões de pobreza crescem assustadoramente nas periferias das grandes cidades, enquanto os poderosos acumulam para si as riquezas das nações. Mais da metade da riqueza do mundo está concentrada nas mãos de algumas centenas de empresas.

As riquezas dos grandes impérios econômicos do mundo, contudo, não lhes garantem paz nem segurança. Os atentados terroristas deixam as nações mais poderosas absolutamente vulneráveis. A derrubada das duas torres gêmeas de Nova York em 11 de setembro de 2001 tornou-se um marco inesquecível na história da humanidade. A explosão de vários trens em Madri no dia 11 de março de 2004 sacudiu o mundo inteiro, alertando-nos que o terrorismo é mais do que um fantasma que ameaça as nações. Há tensões e guerras explodindo no mundo inteiro. A insegurança está presente tanto nos palácios como nas choupanas. A violência cresce entre pobres e ricos, indiscriminadamente. O mundo está de cabeça para baixo. Mas, nesse cenário de crise, nesse caldeirão fervente, nenhuma instituição é mais afetada que a família. Há uma orquestração de forças mortíferas contra a família. Esta vetusta instituição tem sido torpedeada com fúria indomável. A família tem sido vigorosamente atacada pela perigosa filosofia pós-moderna. Os fundamentos da nossa civilização têm sido destruídos (Salmos 11:3).

Gene Edward Veith afirma que no mundo pós-moderno os valores absolutos não apenas têm deixado de ser observados, mas também têm sido escarnecidos.[2] Inegavelmente, o pós-modernismo tem uma endêmica aversão pela questão da verdade.[3] Os marcos antigos têm sido removidos (Provérbios 22:28). Gene Veith faz o seguinte comentário:

Os perigos do casamento

O que nós temos hoje não é somente um comportamento imoral, mas uma perda dos critérios morais. Nós enfrentamos não apenas um colapso moral, mas um colapso de significado. Não existem absolutos e se não existem absolutos, se a verdade é relativa, então não haverá estabilidade nem significado na vida.[4]

O inevitável resultado do relativismo desta era é a falência dos valores morais, a fraqueza da família e o aumento vertiginoso da infidelidade conjugal. Valores relativos são uma consequência inevitável do relativismo da verdade. Em 1969, no auge da *revolução sexual*, 68% dos americanos acreditavam que era errado manter relações sexuais antes do casamento. Por volta de 1987, um período supostamente conservador devido ao surgimento da AIDS, apenas 46% – menos da metade – acreditavam que o sexo pré-marital era errado.[5] Em 1992, somente 33% rejeitavam o sexo pré-marital.[6] A infidelidade conjugal tem sido uma triste marca da sociedade contemporânea. Os dados são alarmantes e estarrecedores. Pesquisas realizadas entre pessoas de até quarenta anos revelaram que 50% a 65% dos homens casados e 45% a 55% das mulheres casadas têm sido infiéis aos seus respectivos cônjuges.[7] Outros dados identificam que 26% a 70% das mulheres casadas e 33% a 75% dos homens casados já se envolveram em casos extraconjugais.[8] Os casos extraconjugais, além de serem desastrosamente comuns, têm consequências devastadores para os casais e para os filhos.[9]

O divórcio tem sido estimulado como solução para os casamentos em crise ou relacionamentos partidos. Até 1960, 25% dos casamentos terminavam em divórcio. De lá para cá este índice tem aumentado consideravelmente. Comentaristas sociais declaram que 50% dos casamentos realizados nos Estados Unidos

CASAMENTO, DIVÓRCIO E NOVO CASAMENTO

terminam em divórcio.[10] Tragicamente, 70% dos novos casamentos surgidos entre os divorciados acabam num período de dez anos.[11] John Stott, em seu livro *Grandes Questões sobre Sexo*, afirma que a taxa britânica de divórcio, que aumentou cerca de 600% nos últimos vinte e cinco anos, é atualmente uma das mais altas do mundo ocidental. No Reino Unido, um em cada três casamentos termina em divórcio. Nos Estados Unidos a situação é ainda pior, com mais da metade dos casamentos terminando em divórcio.[12] No Brasil, a realidade não é muito diferente.

Mas, o divórcio não é uma solução sábia para a crise no casamento. Pelo contrário, o divórcio tem demonstrado ser mais um problema do que uma solução, capaz de gerar mais sofrimento e frustração. A psicóloga Diane Medved afirma que alguns casais chegaram à conclusão de que o divórcio é mais perigoso e destrutivo do que tentar permanecer juntos.[13]

A presença de casamentos quebrados e a quantidade de divórcios vêm aumentando cada dia mais, não apenas entre os não cristãos, mas também no meio evangélico. O número de pessoas divorciadas cresce a cada dia dentro das congregações evangélicas. Há também muitos líderes religiosos se divorciando. Charles Colson fez o seguinte comentário em relação a isso:

> O índice de divórcio entre pastores está aumentando mais rápido do que entre outras profissões. Os números revelam que um em cada dez pastores já teve um envolvimento sexual com um membro de sua congregação, e 25% confessaram ter mantido relações sexuais ilícitas.[14]

Como na antiguidade, as pessoas hoje se casam para se divorciar, e se divorciam para casar novamente. Atualmente, muitas pessoas se casam por bem ou por mal, mas não por longo tempo.

Os perigos do casamento

A Revista Veja de 27/11/2003 publicou um artigo revelando que nos últimos cinco anos o índice de divórcio entre pessoas da terceira idade no Brasil teve um aumento de 56%. O divórcio é uma realidade que não podemos negar. Muitas pessoas certamente preferem varrer o problema para debaixo do tapete. Alguns tentam se justificar, eximindo-se da responsabilidade. E outros buscam subterfúgios e escapes, que acabam prendendo-os ainda mais no cipoal da culpa.

O mundo pós-moderno desvaloriza a instituição do casamento. As pessoas parecem sentir repulsa pelo compromisso. Querem viver juntas, mas não querem se casar. E quando casam, não se empenham em tentar superar as tensões e conflitos, desistindo do casamento ao sinal da primeira crise.

Jay Adams afirma que muitos autores "psicologizam" as Escrituras ao discutir a questão do divórcio, em vez de procurarem fazer uma análise profunda e séria do texto bíblico com o propósito de explicá-lo. Isso nos torna biblicamente iletrados nas questões que envolvem família, divórcio e novo casamento.[15]

Neste livro, buscaremos examinar prioritariamente não o que os psicólogos, cientistas sociais ou teóricos do casamento ensinam, mas o que as Escrituras têm a nos dizer sobre isso. O que Deus diz sobre casamento e divórcio não é apenas uma opinião dentre tantas, mas a única palavra autorizada sobre o assunto, por isso devemos nos agarrar a ela. O mesmo Deus que instituiu o casamento deixou também os princípios infalíveis para o seu sucesso. Os valores do mundo mudam constantemente, mas Deus é imutável. Os céus e a terra podem passar, mas a Palavra de Deus jamais passará.

Tenho me dedicado ao ministério de aconselhamento de casais há mais de vinte anos. Durante todo esse tempo tenho testificado as tristes e dramáticas consequências do divórcio na

CASAMENTO, DIVÓRCIO E NOVO CASAMENTO

família, tanto para os filhos como para os cônjuges. Para alguns filhos, o efeito do divórcio é mais devastador do que a dor do luto pelos pais. Para muitos, a ferida provocada pelo divórcio dos pais jamais se cicatriza, transformando-se num trauma que eles carregam no peito por toda a vida, afetando outras gerações. O divórcio atinge mais os filhos do que os cônjuges. O divórcio produz lágrimas e sofrimento. Ele quebra vínculos e separa o que Deus uniu. Uma pesquisa de âmbito nacional entrevistou dezessete mil filhos de divorciados com até dezessete anos de idade, e chegou aos seguintes resultados:

1. Filhos que vivem com a mãe e o padrasto, ou com a mãe divorciada, têm um risco de 20% a 30% maior de sofrer acidentes graves.
2. Filhos que vivem apenas com a mãe como cabeça do lar, são 50% mais susceptíveis a doenças psicossomáticas.
3. Filhos que vivem com a mãe como cabeça do lar, ou com a mãe e o padrasto, têm uma tendência 40% a 70% maior de repetir de ano na escola.
4. Filhos oriundos de casamentos quebrados são responsáveis por mais de 70% dos casos de suspensão ou expulsão escolar.[16]

Uma pesquisa feita pela psicóloga Judith Wallerstein revela que algumas feridas do divórcio não diminuem substancialmente com o tempo. Ela afirma que "quase a metade dos filhos de pais divorciados entra na fase adulta como pessoas preocupadas, com menor rendimento nas suas atividades e baixa autoestima; algumas vezes, tornam-se pessoas mais susceptíveis à ira".[17] Judith Wallerstein ilustra de maneira vívida a devastação provocada não só na vida dos adultos atingidos pelo divórcio, mas também na vida dos filhos:

1. De cada cinco filhos, três se sentem rejeitados por pelo menos um dos pais.
2. Cinco anos depois do divórcio dos pais, mais de um terço dos filhos se sente pior do que antes do divórcio.
3. A metade dos filhos percebe que os pais ainda se desgastam um com o outro, mesmo depois do divórcio.
4. Um terço das mulheres e um quarto dos homens sentem que a vida ficou pior, com mais desapontamento e solidão depois do divórcio.[18]

Não há dúvida de que tanto o casamento como o divórcio são assuntos que merecem a nossa atenção e todo o nosso empenho na busca por respostas certas para as inquietações que atingem a maioria das famílias. Contudo, essas respostas não podem emanar da confusão conceitual e moral daqueles que desprezam o casamento e estimulam o divórcio. Precisamos buscar não a opinião dos homens, mas a direção de Deus. Assim, devemos nos voltar, prioritariamente, não para os manuais recheados de erudição e lucubração humana, mas para a eterna e infalível Palavra de Deus.

CASAMENTO, DIVÓRCIO E NOVO CASAMENTO

Notas do capítulo 1

[1] **Alvin Tofler.** *The Third Wave.* New York, New York. Bantam Books. 1980: p. 209.

[2] **Gene Edward Veith.** *Postmodern Times: A Christian Guide to Contemporary Thought and Culture.* Wheaton, Illinois. Crossway. 1994: p. 17-24 and **D. A. Carson.** *The Gagging of God: Christianity Confronts Pluralism.* Grand Rapids, Michigan. Zondervan Publishing House. 1996: p. 45.

[3] **Alister E. McGrath.** *The Challenge of Pluralism for the Contemporary Church* in *Journal of the Evangelical Theological Society* 1992: 35: 366.

[4] **Gene Edward Veith.** *Op. Cit.* 1994: p. 18,72.

[5] **George Gallup and Sarah Jones.** *100 Questions and Answers: Religion in America.* Princeton, New Jersey. Princeton Research Center. 1989: p. 120.

[6] **Andrew M. Greeley.** *Sex and the Single Catholic: The Decline of an Ethic. In America.* 7 November. 1992: 344.

[7] **C. D. Hernandes Penn, S. L. & Bermudez, J. M.** *Using a Cross-Cultural Perspective to Understand Infidelity in Couples Therapy.* In *The American Journal of Family Therapy.* 1997: 25 (2): 169-185.

[8] **R. K. Shackelford & D. M. Buss,** *The Clues to Infidelity.* In *Personality and Social Psychology Bulletin.* 1997: 23:1034-1045.

[9] **Ibidem,** 1997: 23: 1034-1045 and E. M. Bronw. *Patterns of Infidelity and Their Treatment.* New York, New York. Brunner/Mazel: 1991.

[10] **J. Kerby Anderson.** *Signs of Warning, Signs of Hope: Seven Coming Crises that will change your life.* Chicago, Illinois. Moody Press. 1994: p. 67.

[11] **James D. Mallory.** *O Fim da Guerra dos Sexos.* Exodus Editora. São Paulo, SP. 1997: p. 16.

[12] **John Stott.** *Grandes Questões sobre Sexo.* Niteroi, Rio de Janeiro. Vinde Comunicações. 1993: p. 66.

[13] **Diane Medved.** *The Case Against Divorce.* New York, New York. Donald I. Fine. 1989: p. 1-2.

[14] **Charles Colson.** *The Body.* Waco, Texas. Word Press. 1992: p. 304.

[15] **Jay Adams.** *Marriage, Divorce, and Remarriage in the Bible.* Grand Rapids, Michigan. Zondervan Publishing House. 1980: X,XI.

[16] **Alan Otten.** *Baby Boomer People: Make Less, But Make Do.* In *Wall Street Journal.* 1990: 5 July.

[17] **Anastasia Touflex.** *The Lasting Wounds of Divorce.* In *Times,* 6 February 1989, p. 61.

[18] **Judith Wallerstein and Sandra Blekeslee.** *Second Chance: Men, Women and Children a Decade After Divorce.* New York, New York. Ticknor & Fields. 1989: p. 10.

Capítulo 2
Os fundamentos do casamento

OS FARISEUS costumavam fazer perguntas a Jesus para testá-lo ou mesmo para se opor a Ele (Mateus 12:2,14; 15:1; 16:1). Eles tentaram apanhar Jesus em contradição a respeito do sábado e dos sinais, mas fracassaram. Em Mateus 19:3,7 encontramos novamente os fariseus inquirindo Jesus acerca de um assunto bastante polêmico, o divórcio.[19]

Os fariseus tentaram Jesus, procurando arrastá-lo para o debate em torno de Deuteronômio 24:1, com o objetivo de colocá-lo contra Moisés[20] e, consequentemente, contra Deus. Como Jesus se encontrava na região da Pereia, governada por Herodes (Mateus 19:1; 14:1), os fariseus esperavam que sua resposta seguisse a linha da pregação de João Batista sobre o divórcio (Mateus 14:4), o que despertaria a fúria de Herodes e colocaria Jesus sob o risco de um perigoso inimigo.[21] Os fariseus esperavam que Jesus dissesse alguma coisa que pudesse envolvê-lo no caso do adultério entre Herodes e Herodias, pois assim Ele poderia ter o mesmo destino de João Batista, que foi decapitado por ter acusado Herodes de manter uma união ilícita com Herodias.[22]

Na verdade, os fariseus não estavam sendo sinceros quando perguntaram para Jesus: *"É lícito ao marido repudiar a sua mulher por qualquer motivo?"*[23] O propósito deles era colocar Jesus em uma situação embaraçosa — contra Moisés ou contra Herodes, que estava casado com a mulher de seu irmão. Se Cristo tivesse respondido à pergunta negativamente, eles poderiam afirmar que Jesus estaria impropriamente abolindo a lei de Moisés; se sua resposta fosse afirmativa, eles poderiam dizer que Ele não era profeta de Deus, mas um promotor da lascívia humana.[24] A perversa intenção dos fariseus, contudo, não confundiu Jesus, ao contrário, Ele aproveitou a oportunidade para instruí-los sobre o assunto, interpretando corretamente os princípios da criação sobre o casamento e a lei de Moisés sobre o divórcio.[25]

A resposta de Jesus aos fariseus revela que antes de falar de divórcio, devemos entender o que a Escritura ensina sobre o casamento:

> Então, respondeu ele: Não tendes lido que o Criador desde o princípio os fez homem e mulher, e que disse: "Por esta causa deixará o homem pai e mãe e se unirá a sua mulher, tornando-se os dois uma só carne"? De modo que já não são mais dois, porém uma só carne. Portanto, o que Deus ajuntou não o separe o homem (Mateus 19:4-6).

Norman Geisler afirma que o casamento é a mais básica e influente unidade social no mundo.[26] Precisamos entender o significado do casamento antes de começarmos a discutir sobre o divórcio. Muitos divórcios acontecem porque os casais não entendem ou não creem nos ensinamento de Deus sobre o casamento. Jay Adams coloca que o estudo sobre o casamento é a estrada que abre os horizontes para o estudo sobre o divórcio.[27]

OS FUNDAMENTOS DO CASAMENTO

Quando Jesus foi questionado sobre o problema do divórcio, em vez de partir do texto de Deuteronômio, ele voltou ao livro de Gênesis. A forma como Deus realizou o primeiro casamento revela positivamente o que Ele tinha em mente tanto para o homem como para a mulher em relação ao casamento. Richard France faz o seguinte comentário:

> Em vez de entrar no debate proposto pelos fariseus, Jesus novamente (como em Mateus 5:32) declarou que divórcio por qualquer motivo é incompatível com o propósito de Deus para o casamento. Assim sendo, Jesus colocou a intenção original do Criador expressa em Gênesis 1:27 e 2:24 acima da provisão de Deuteronômio 24:1-4, concedida somente por causa da dureza dos corações. A regulamentação do divórcio foi uma concessão para lidar com o resultado do pecado e não uma expressão do propósito de Deus para a humanidade. O divórcio pode ser necessário, mas nunca é por si só uma coisa boa. O princípio divino pelo qual os dois se tornam uma só carne somente pode ser cumprido por um casamento indissolúvel.[28]

Qual é o ponto central do ensino de Jesus sobre o casamento? Qual é a sua interpretação? Em Mateus 19:4 Jesus diz que Deus criou o homem e a mulher. Gênesis 1:27 afirma que Deus os criou à sua própria imagem e semelhança. Homem e mulher, portanto, têm a capacidade de conhecer a Deus e amá-lo. Além disso, eles têm também a capacidade de conhecer e amar um ao outro. O ser humano é um ser moral e espiritual. Mas, Jesus também disse que Deus criou o casamento. Jay Adams afirma:

> Contrário a muitos pensamentos e ensinos contemporâneos, o casamento não é um expediente humano. Deus diz que ele

CASAMENTO, DIVÓRCIO E NOVO CASAMENTO

mesmo estabeleceu, instituiu e ordenou o casamento desde o início da história humana.[29]

Gênesis 2:18-24 revela que o casamento nasceu no coração de Deus quando não havia ainda legisladores, leis, Estado ou igreja. Walter Kaiser Jr. diz que o casamento é um dom de Deus aos homens e às mulheres.[30] Deus não somente criou o casamento, mas também o abençoou (Gênesis 1:28). O casamento, portanto, nasceu no céu, e não na terra; nasceu no coração de Deus e não no coração do homem. É expressão do amor de Deus e não fruto da lucubração humana. O casamento é a pedra fundamental da sociedade humana. É a célula-mãe da sociedade. Dele dependem todas as outras instituições. Até mesmo a igreja está estribada no casamento. A igreja é um reflexo das famílias que a compõem.

A natureza do casamento

O CASAMENTO É UM RELACIONAMENTO PROFUNDO que demanda o abandono de outros relacionamentos. É uma separação antes de ser uma união. O casamento exige abnegação e devoção, demanda constante renúncia e contínuo investimento. Só as pessoas altruístas, que oferecem mais do que cobram, que fazem mais depósitos do que retiradas, podem ser bem-sucedidas no casamento. O segredo de um casamento feliz não é apenas encontrar a pessoa certa, mas ser a pessoa certa. O casamento pode ser a ante-sala do céu ou o porão do inferno; um largo horizonte de liberdade ou uma sufocante prisão; um abrigo seguro ou uma arena de brigas, contendas e intermináveis discussões.

Tenho aconselhado muitos casais. Alguns perderam o amor que sentiam um pelo outro, só lhes restando os filhos e muitas decepções. Outros naufragaram por causa da crise financeira,

OS FUNDAMENTOS DO CASAMENTO

não conseguindo conciliar a sobrevivência com o amor conjugal. Outros ainda perderam o entusiasmo pelo sexo, chegando até mesmo a iniciar um relacionamento extraconjugal. Alguns cônjuges foram agredidos não só fisicamente, mas também emocional e psicologicamente, sendo obrigados a sair de casa para protegerem a si mesmos e aos filhos.

A experiência adquirida ao longo dos anos me fez perceber que muitos casamentos naufragam não por causa de problemas graves, mas devido às pequenas tensões que vão se acumulando dia após dia, até se tornarem insuportáveis.[31] Rob Parsons afirma que a principal causa do desmoronamento conjugal é a paralisação do diálogo, que ele chama de separação gradativa.[32] A rotina pode ser um dos problemas mais perigosos na vida de um casal. O urgente toma o lugar do importante. De repente, cada cônjuge está correndo para um lado diferente, sem tempo de se dedicarem um ao outro. Sem dedicação de tempo é muito difícil construir um casamento bem-sucedido. Sempre que gastamos mais tempo na frente da TV, ou com os amigos, ou mesmo no trabalho, estamos diminuindo a importância do casamento.

É da mais alta importância entender a natureza do casamento no plano de Deus, conforme registrado no livro de Gênesis. Quando questionado sobre divórcio e casamento Jesus retornou ao livro de Gênesis, e nós devemos fazer o mesmo. Vejamos então como devemos considerar a natureza do casamento, de acordo com a interpretação de Jesus.

O casamento deve ser heterossexual

DEUS CRIOU O HOMEM E A MULHER, macho e fêmea (Gênesis 1:27); assim, o relacionamento conjugal só é possível entre um homem e uma mulher, entre um macho e uma fêmea

CASAMENTO, DIVÓRCIO E NOVO CASAMENTO

biológicos. Consequentemente, o chamado casamento homossexual não é considerado como casamento à luz da Palavra de Deus nem à luz das ciências biológicas. Pelo contrário, segundo Norman Geisler, essa união esdrúxula é uma relação sexual ilícita.[33] A união homossexual é uma abominação aos olhos de Deus. A homossexualidade tem sido incentivada como uma opção sexual legítima. Os meios de comunicação fazem apologia dessa prática e o nosso país se orgulha de ter realizado a maior parada *gay* do mundo, reunindo na cidade de São Paulo, em junho de 2004, um milhão e meio de adeptos da homossexualidade, sob os aplausos de grandes expoentes da política brasileira. Qualquer posição contrária ou a simples proposta de discutir a questão da homossexualidade é vista como homofobia ou preconceito. O que a Palavra de Deus diz sobre a homossexualidade? Como devemos nos posicionar sobre essa questão?

1. **A homossexualidade é claramente condenada pelas Escrituras** – Deus criou o homem e a mulher e instituiu o casamento heterossexual (Gênesis 1:27; 2:24). Os cananitas foram eliminados da terra pela prática abominável da homossexualidade (Levítico 18:22-29). Da mesma forma, a cidade de Sodoma foi destruída por Deus por causa da prática vil da homossexualidade (Gênesis 29:5 e Judas 7). O ensino bíblico é claro: *"Com homem não te deitarás, como se fosse mulher; é abominação"* (Levítico 18:22). Deus demonstrou seu repúdio às ofertas trazidas pelos adúlteros e homossexuais pelos seus pecados (Deuteronômio 23:17,18). A homossexualidade é vista nas Escrituras como um mal (Juízes 19:22,23). O apóstolo Paulo afirma que a homossexualidade é uma imundícia e uma desonra (Romanos 1:24); é uma paixão infame e uma relação contrária à natureza (Romanos 1:26); é uma

Os FUNDAMENTOS DO CASAMENTO

torpeza e um erro (Romanos 1:27). Paulo ainda afirma que a homossexualidade é uma disposição mental reprovável e uma coisa inconveniente (Romanos 1:28). A homossexualidade traz consequências graves no tempo e na eternidade. Quem o pratica receberá em si mesmo a merecida punição do seu erro (Romanos 1:27) e jamais poderá entrar no Reino de Deus (1Coríntios 6:9,10). O apóstolo Paulo define a sodomia ou homossexualidade como uma transgressão da lei de Deus (1Timóteo 1:9,10).

2. **A homossexualidade não pode cumprir com o propósito de Deus para a família** – Além de ser eticamente condenado pelas Escrituras, a prática homossexual não pode cumprir o pleno propósito de Deus para a família. A união entre dois homens ou duas mulheres não forma uma família abençoada por Deus, mas um ajuntamento abominável aos olhos do Senhor. Esse tipo de união não pode gerar filhos nem criá-los segundo os padrões da sã doutrina e da ética sustentável. A união homossexual não pode ser vista como uma união de amor, mas de uma paixão infame. O amor é um sentimento que emana de Deus, portanto é santo e puro. O verdadeiro amor procede de Deus, porque Deus é amor. O casamento é uma união de amor entre um homem e uma mulher, de modo a se tornarem uma só carne, enquanto que a união homossexual é um relacionamento torpe, inconveniente e abominável.

3. **A homossexualidade corrompe os valores e traz o juízo de Deus** – Nos lugares onde o homossexualidade foi aceita e estimulada, os povos se corromperam, a família desintegrou-se e o juízo de Deus foi derramado. Os cananitas foram eliminados da terra por causa do juízo de Deus. Sodoma e Gomorra foram consumidas pelo fogo do céu por causa de suas

CASAMENTO, DIVÓRCIO E NOVO CASAMENTO

perversidades morais. O Império Romano caiu nas mãos dos bárbaros, mas já estava podre por dentro. A homossexualidade era uma prática comum em Roma, corrompendo o império desde os imperadores até os escravos. Hoje, faz-se apologia desse pecado. Os homens perderam o temor de Deus e se insurgiram contra a sua Palavra. Por mais popular que essa prática reprovável possa ser, ela sempre será vista como coisa abominável aos olhos de Deus. Os costumes mudam, mas Deus não. Os homens podem sancionar a homossexualidade e até mesmo validar pela lei a união homossexual, mas a eterna Palavra de Deus sempre condenará essa prática como um terrível mal, capaz de provocar a santa ira de Deus.

4. **A homossexualidade é um pecado que tem perdão** – A pessoa não nasce homossexual nem precisa viver como tal. Há esperança para aqueles que estão presos pelos laços desse vício degradante. Assim como o adultério é uma prática aprendida, o mesmo acontece com a homossexualidade. Paulo relata em 1Coríntios 6:9,10 que alguns crentes da igreja de Corinto eram homossexuais, mas uma vez convertidos a Jesus Cristo, foram lavados, justificados e libertos daquela prática abominável. Aqueles que vivem sob essa situação conflitante não devem cauterizar a consciência nem tentar justificar sua prática. O que eles devem fazer é se arrepender dessa prática e voltar para o Senhor, o único que pode libertar e salvar.

O casamento deve ser monogâmico

A MONOGAMIA É O PADRÃO DE DEUS para o casamento. Deus não criou duas mulheres para um homem nem dois homens para uma mulher (Gênesis 2:24). Tanto a poligamia (um homem com várias mulheres) quanto a poliandria (uma mulher

OS FUNDAMENTOS DO CASAMENTO

com vários homens), estão fora do padrão de Deus para o casamento. Warren Wiersbe diz que casamentos homossexuais ou outras variantes são frontalmente contrários à vontade de Deus, não importa o quanto os psicólogos, ativistas sociais ou juristas e legisladores digam em contrário.[34] O propósito absoluto de Deus para a raça humana em relação ao casamento sempre foi e sempre será a monogamia. Jesus deixou isso meridianamente claro em Mateus 19:4-6:

> Então, respondeu ele: Não tendes lido que o Criador, desde o princípio, os fez homem e mulher, e que disse: Por esta causa deixará o homem pai e mãe e se unirá a sua mulher, tornando-se os dois uma só carne? De modo que já não são mais dois, porém uma só carne. Portanto, o que Deus ajuntou não o separe o homem.[35]

Apesar de muitos homens de Deus no Antigo Testamento praticarem a poligamia, o propósito original de Deus quanto ao casamento jamais foi alterado. A monogamia é o padrão de Deus para a humanidade em todas as gerações. O apóstolo Paulo afirma: *"cada um* [singular] *tenha a sua própria esposa, e cada uma* [singular], *o seu próprio marido"* (1Coríntios 7:2). Ao mencionar as qualificações do presbítero, Paulo adverte: *"É necessário, portanto, que o bispo seja... esposo de uma só mulher..."* (1Timóteo 3:2). Todos os textos do Novo Testamento que tratam da família estão fundamentados no decreto original da monogamia estabelecido no Antigo Testamento (Mateus 5:31,32; Mateus 19:3-9; Marcos 10:2-12; Lucas 16:18). Walter Kaiser Jr. Afirma que todos esses textos proíbem a poligamia com o mesmo vigor com que o livro de Gênesis a proíbe.[36]

CASAMENTO, DIVÓRCIO E NOVO CASAMENTO

Norman Geisler diz que há muitos argumentos contra a poligamia no Antigo Testamento. Destacamos alguns deles:

(1) *A monogamia foi ensinada por precedência.* Deus deu a Adão apenas uma mulher e a Eva apenas um homem. Esse princípio deve reger toda a humanidade em todos os tempos.

(2) *A monogamia foi ensinada por preceito.* Deus falou a Moisés: "Tampouco para si multiplicará mulheres..." (Deuteronômio 17:17).

(3) *A monogamia foi ensinada como um preceito moral contra o adultério.* Assim diz a lei de Deus: "Não cobiçarás... a mulher do teu próximo [singular]" (Êxodo 20:17). Isso traz implícito que o próximo só poderia ter uma esposa legítima.

(4) *A monogamia foi ensinada pela proporção populacional.* A grosso modo, o nascimento de homens e mulheres é proporcional. Se Deus tivesse designado a poligamia, deveria existir um número muito maior de mulheres do que de homens.

(5) *A monogamia é ensinada através das severas consequências decorrentes da poligamia.* Todas as pessoas que praticaram a poligamia no Antigo Testamento sofreram amargamente por isso. Salomão é um clássico exemplo (1Reis 11:4).[37]

Walter Trobisch elenca algumas desvantagens da poligamia à luz do livro de Gênesis. Gênesis 26 diz que ela torna a vida amarga (v. 35); Gênesis 29 afirma que ela causa rivalidade (v. 30) e ódio (v. 31). Gênesis 30 mostra que ela leva à inveja (v. 1), à ira (v. 2) e a desavenças e brigas (v. 8). Gênesis 37 destaca o efeito da poligamia sobre os filhos: favoritismo e injustiça (v. 3), hostilidade (v. 4), ciúmes (v. 4) e finalmente assassinato (v. 18).[38]

O ensino geral das Escrituras contra a poligamia é absolutamente claro (Deuteronômio 28:54,56; Salmos 128:3; Provérbios

5:15-21; Malaquias 2:14). A poligamia jamais foi o propósito de Deus para o seu povo, muito embora ela esteja presente na sociedade tanto do Antigo como do Novo Testamento.

O casamento deve ser monossomático

A **BÍBLIA DIZ**: *"Por isso, deixa o homem pai e mãe e se une à sua mulher, tornando-se os dois uma só carne"* (Gênesis 2:24). Adam Clarke diz que Adão e Eva poderiam ser considerados não apenas como um só corpo, mas também como duas almas em um só corpo, ou seja, uma completa união de interesses e uma indissolúvel parceria de vida e sonhos, conforto e apoio, desejos e inclinações, alegrias e sofrimentos:[39] Eles eram dois antes do casamento, mas se tornaram um. Apesar de continuarem sendo duas pessoas distintas, eles passaram a ser uma só carne.[40] Por isso, a esposa deve ser amada pelo marido como ele ama o seu próprio corpo. O marido deve amar a esposa como ama a si mesmo, ou seja, como ama a sua própria carne. Assim, em Gênesis 2:24 tornar-se uma só carne significa tornar-se uma só pessoa.[41]

A união conjugal é a mais próxima e íntima relação de todo relacionamento humano. A união entre marido e mulher é mais estreita do que a relação entre pais e filhos. Os filhos de um homem são parte dele mesmo, mas sua esposa é ele mesmo. Por esta razão, o marido deve amar a sua esposa como ama a si mesmo.

Assim também os maridos devem amar as suas mulheres como a seus próprios corpos. Quem ama a sua esposa a si mesmo se ama. Porque ninguém jamais odiou a própria carne; antes, a alimenta e dela cuida, como também Cristo o faz com a igreja.[42]

CASAMENTO, DIVÓRCIO E NOVO CASAMENTO

João Calvino afirma que o vínculo do casamento é mais sagrado que o vínculo que prende os filhos aos seus pais. A esposa deve ter preferência sobre o pai e a mãe. O marido deve ser mais intimamente unido à esposa do que aos seus próprios pais. Nada, a não ser a morte, deve separá-los.[43] A Bíblia diz: *"Por isso, deixa o homem pai e mãe e se une à sua mulher, tornando-se os dois uma só carne"* (Gênesis 2:24). Adam Clarke ilustra a união conjugal contando que entre os povos antigos os recém-casados costumavam carregar uma canga no pescoço ou uma algema nos braços, indicando que eles eram uma só pessoa, intimamente unidos, em todos os aspectos da vida.[44] A expressão "uma só carne" condena a poligamia, o divórcio e a devassidão. Se a mútua união de duas pessoas é consagrada por Deus, a infidelidade conjugal está abertamente desautorizada.

Jay Adams, comentando 1Coríntios 6, mostra que Paulo faz distinção entre três tipos de união: *um corpo* (v. 16) – relação sexual com uma prostituta, uma relação íntima; *uma só carne* (v. 16) - a união conjugal, uma união mais íntima; *um espírito* (v. 17) – união com Cristo, a mais íntima união.[45]

Muito embora a expressão "uma só carne" signifique mais do que união física, a união básica do casamento é a união física. Se um homem e uma mulher pudessem se tornar um só espírito através do casamento, então a morte não poderia dissolver esse laço, pois o espírito nunca morre. O conceito de casamento eterno é uma heresia.[46] O casamento não é eterno. Ao contrário do que ensinam os mórmons, que acreditam em um casamento celestial, para toda a eternidade, a Bíblia é enfática ao afirmar que o casamento é apenas uma instituição terrena. O casamento é para o tempo presente, e não para a eternidade.[47] O apóstolo Paulo diz que a união do casamento termina com a morte:

OS FUNDAMENTOS DO CASAMENTO

Ora, a mulher casada está ligada pela lei ao marido, enquanto ele vive; mas, se o mesmo morrer, desobrigada ficará da lei conjugal... se morrer o marido, estará livre da lei e não será adúltera se contrair novas núpcias.[48]

Paulo ensinou esse mesmo conceito à igreja de Corinto:

A mulher está ligada enquanto vive o marido; contudo, se falecer o marido, fica livre para casar com quem quiser, mas somente no Senhor.[49]

Jesus, como supremo intérprete das Escrituras, deixou esse assunto meridianamente claro ao afirmar:

Porque, na ressurreição, nem casam, nem se dão em casamento; são, porém, como os anjos no céu.[50]

A expressão "uma só carne" revela, outrossim, a pureza e a santidade do sexo. O relacionamento marital é santo aos olhos de Deus. O sexo é santo. Fora do casamento, o sexo torna-se uma força destrutiva, mas dentro do casamento, num compromisso de fidelidade e amor, o sexo pode ser criativo e construtivo. O casamento é o meio estabelecido por Deus para evitar o pecado sexual e ao mesmo tempo proporcionar prazer ao ser humano. Vejamos o que Paulo tem a dizer:

Quanto ao que me escrevestes, é bom que o homem não toque em mulher; mas, por causa da impureza, cada um tenha a sua própria esposa, e cada uma, o seu próprio marido. O marido conceda à esposa o que lhe é devido, e também, semelhantemente, a esposa, ao seu marido. A mulher não tem poder sobre o seu próprio corpo, e sim o marido; e também,

CASAMENTO, DIVÓRCIO E NOVO CASAMENTO

semelhantemente, o marido não tem poder sobre o seu próprio corpo, e sim a mulher. Não vos priveis um ao outro, salvo talvez por mútuo consentimento, por algum tempo, para vos dedicardes à oração e, novamente, vos ajuntardes, para que Satanás não vos tente por causa da incontinência.[51]

O sexo é puro, bom, deleitoso e santo. A Palavra de Deus diz: *"Digno de honra entre todos seja o matrimônio, bem como o leito sem mácula; porque Deus julgará os impuros e adúlteros"* (Hebreus 13:4). O casamento é o meio legítimo para se desfrutar do sexo com pureza, santidade e segurança. A relação sexual antes do casamento é pecaminosa. Assim diz o apóstolo Paulo:

> Pois esta é a vontade de Deus, a vossa santificação: que vos abstenhais da prostituição, que cada um de vós saiba possuir o próprio corpo em santificação e honra, não com o desejo de lascívia, como os gentios que não conhecem a Deus; e que, nesta matéria, ninguém ofenda, nem defraude a seu irmão; porque o Senhor, contra todas estas cousas, como antes vos avisamos e testificamos claramente, é o vingador, porquanto Deus não nos chamou para a impureza e sim para a santificação. Destarte, quem rejeita estas cousas não rejeita o homem e sim a Deus, que também vos dá o seu Espírito Santo.[52]

Semelhantemente, toda relação sexual fora do casamento também é pecado. Deus julgará os impuros e adúlteros (Hebreus 13:4). Os adúlteros não herdarão o reino de Deus (1Coríntios 6:9). Mas, a mesma Escritura que diz que o sexo antes e fora do casamento é pecado, também diz que o sexo no casamento é uma ordenança. O que é uma proibição para os solteiros, é um mandamento para os casados: *"Não vos priveis um ao outro,*

OS FUNDAMENTOS DO CASAMENTO

salvo talvez por mútuo consentimento, por algum tempo, para vos dedicardes à oração e, novamente vos ajuntardes, para que Satanás não vos tente por causa da incontinência" (1Coríntios 7:5). Mais do que uma ordenança, porém, o sexo no casamento é também uma bênção. Este princípio foi estabelecido por Deus na criação, refutando o mito de que o pecado original estava relacionado ao sexo, e que o sexo era o fruto proibido. Assim diz a Bíblia:

Criou Deus, pois, o homem à sua imagem, à imagem de Deus o criou; homem e mulher os criou. E Deus os abençoou e lhes disse: Sede fecundos, multiplicai-vos, enchei a terra e sujeitai-a... Viu Deus tudo quanto fizera, e eis que era muito bom...".[53]

Além de ser santo, de ser uma ordenança e uma bênção, o sexo no casamento é também uma fonte de grande prazer. A Palavra de Deus aborda de maneira clara e sem rodeios esse sublime assunto:

Bebe a água da tua própria cisterna e das correntes do teu poço. Derramar-se-iam por fora as tuas fontes, e, pelas praças, os ribeiros de águas? Sejam para ti somente e não para os estranhos contigo. Seja bendito o teu manancial, e alegra-te com a mulher da tua mocidade, corça de amores e gazela graciosa. Saciem-te os seus seios em todo o tempo; e embriaga-te sempre com as suas carícias. Por que, filho meu, andarias cego pela estranha e abraçarias o peito de outra?"[54]

O casamento deve ser indissolúvel

O CASAMENTO DEVE SER PARA TODA A VIDA. Esta é uma união permanente. No projeto de Deus o casamento é indissolúvel. Ninguém tem autoridade para separar o que Deus uniu. Marido e mulher devem estar juntos na alegria e na tristeza, na saúde e na doença, na prosperidade e na adversidade. Só a morte pode separá-los (Romanos 7:2; 1Coríntios 7:39). Tony Warren adverte que os casais não devem ficar juntos apenas até surgirem os primeiros problemas, ou até que um seja rude com o outro, ou até surgirem sérias dificuldades na vida conjugal.[55] O divórcio é uma coisa horrenda aos olhos de Deus. Não há divórcio sem dor, sem trauma, sem feridas, sem vítimas. É impossível rasgar o que marido e mulher se tornaram (uma só carne) sem causar sofrimento. Embora a sociedade pós-moderna esteja fazendo apologia do divórcio, os princípios de Deus não mudaram, nem jamais mudarão. Somente a infidelidade conjugal (Mateus 19:9) e o completo abandono (1Coríntios 7:15) podem legitimar o divórcio e cancelar o pacto conjugal.

Jesus disse que marido e mulher não são mais dois, mas uma só carne aos olhos de Deus: *"De modo que já não são mais dois, porém uma só carne. Portanto, o que Deus ajuntou não o separe o homem"* (Mateus 19:6). Desta forma, o divórcio não só é antinatural, mas também é uma rebelião contra Deus e contra a sua lei.[56]

O casamento, além de ser a pedra angular da sociedade e a base fundamental da igreja em particular, também desempenha um papel decisivo na vida humana. O relacionamento mais importante na sociedade é o relacionamento entre marido e mulher. Por isso é que o homem deve deixar pai e mãe para unir-se a sua mulher. O relacionamento dos filhos com os pais é temporário e deve ser rompido na hora certa; mas o relacionamento do marido com a esposa é permanente e jamais deve ser quebrado.[57]

A finalidade do casamento não se exaure com a satisfação psicológica (autorrealização), ou física (prazer sexual), nem com

OS FUNDAMENTOS DO CASAMENTO

a satisfação biológica (gerar filhos). Ela inclui também a proteção (sustento) e o encaminhamento da prole (educação). Isso faz com que apenas os casamentos indissolúveis possam alcançar esses sagrados objetivos.

O casamento é apenas para esta vida

O CASAMENTO É UMA ALIANÇA DE AMOR, compromisso e fidelidade entre um homem e uma mulher. Esta aliança é firmada diante de Deus e circunscrita apenas a esta vida, ou seja, ela não se estende para a eternidade. Jesus deixou isso claro quando disse: *"Porque, na ressurreição, nem casam, nem se dão em casamento; são, porém, como os anjos no céu"* (Mateus 22:30). Apesar de podermos reconhecer uns aos outros no céu, lá não haverá relacionamento conjugal. A aliança do casamento encerra-se com a morte do cônjuge, por isso o casamento de uma pessoa viúva é absolutamente legítimo diante de Deus (1Coríntios 7:8,9).

Em oposição ao ensino dos mórmons sobre casamento celestial, por toda a eternidade, a Bíblia é enfática sobre o fato de que o casamento é uma instituição puramente terrena. O casamento é para toda a vida, mas não para depois da morte. O casamento é para a terra, não para o céu. O casamento limita-se à história e não se estende para a eternidade. Os saduceus, que não criam na ressurreição, tentaram enredar Jesus com um caso de levirato citado em Mateus 22. 25-28:

> Ora, havia entre nós sete irmãos. O primeiro, tendo casado, morreu e, não tendo descendência, deixou sua mulher a seu irmão; o mesmo sucedeu com o segundo, com o terceiro, até o sétimo; depois de todos eles, morreu também a mulher.

Portanto, na ressurreição, de qual dos sete será ela esposa? Porque todos a desposaram."

A resposta de Jesus foi clara e insofismável: *"...Errais não conhecendo as Escrituras nem o poder de Deus. Porque, na ressurreição, nem casam, nem se dão em casamento; são, porém, como os anjos no céu"* (Mateus 22:29,30). No céu seremos uma só família. No céu não haverá relacionamento conjugal nem procriação de filhos. O casamento é um dom de Deus para ser desfrutado apenas nesta vida e não na eternidade.

O casamento envolve um pacto diante de Deus

O CASAMENTO NÃO É SOMENTE UMA UNIÃO entre um homem e uma mulher, envolvendo direitos conjugais, mas uma união que nasce do pacto de mútuas promessas. Desde o início esse acordo implica deixar pai e mãe, unir-se ao cônjuge e tornar-se uma só carne. Essa aliança é feita diante de Deus, que se torna a testemunha desse pacto. O profeta Malaquias descreve esse pacto da seguinte forma: *"... o Senhor foi testemunha da aliança entre ti e a mulher da tua mocidade, com a qual tu foste desleal, sendo ela a tua companheira e a mulher da tua aliança"* (Malaquias 2:14).

O livro de Provérbios ensina que o casamento é um compromisso bilateral entre um homem e uma mulher e condena o adultério como uma quebra dessa aliança conjugal (Provérbios 2:16,17). Assim, quando o voto de fidelidade firmado no casamento é quebrado, Deus é testemunha dessa infidelidade. Essa quebra deliberada é feita diante de Deus, contra o cônjuge e contra Deus que instituiu o casamento. É Deus quem une marido e

OS FUNDAMENTOS DO CASAMENTO

mulher no casamento. Esse é o ensino das Escrituras: *"De modo que já não são mais dois, porém uma só carne. Portanto, o que Deus ajuntou não o separe o homem"* (Mateus 19:6). O casamento foi a única instituição estabelecida por Deus antes da queda. Ele deve ser considerado digno de honra por todos os povos, em todos os lugares, em todo o tempo (Hebreus 13:4). O casamento é uma instituição divina para os cristãos e para os não cristãos, e Deus é testemunha dessa aliança, quer eles entendam ou não. Por isso, Deus odeia o divórcio tanto daqueles que o conhecem quanto daqueles que não o adoram como Senhor (Malaquias 2:16).

O casamento é um presente de Deus

O CASAMENTO NASCEU no coração de Deus quando não havia ainda legisladores, leis, Estado ou igreja. Deus não somente criou uma mulher para Adão, Ele trouxe-a até ele. Diz a Bíblia: *"E a costela que o Senhor Deus tomara ao homem, transformou-a numa mulher e lha trouxe"* (Gênesis 2:22). Deus mesmo, como um pai conduzindo a noiva ao altar, levou a mulher até o homem.[58] Eva foi um presente de Deus para Adão. Ela deve ter sido a mulher mais bela do universo. Ela foi a primeira "miss universo" da história. Saiu direto das mãos do divino artífice. Foi sinzelada pelas mãos do próprio Criador. Adão ao recebê-la, prorrompeu na mais efusiva declaração de amor: *"... Esta afinal, é osso dos meus ossos e carne da minha carne..."* (Gênesis 2:23). Eva completou plenamente a vida de Adão e preencheu o vazio do seu coração. Ela lhe proporcionava satisfação espiritual, emocional, psicológica e física. A mulher veio do homem (Gênesis 2:22) e o homem é nascido da mulher (1Coríntios 11:12). No

Senhor, a mulher não é independente do homem, nem o homem é independente da mulher (1Coríntios 11:11). A Bíblia diz: "A casa e os bens vêm como herança dos pais; mas do Senhor, a esposa prudente" (Provérbios 19:14). Ainda: "O que acha uma esposa acha o bem e alcançou a benevolência do Senhor" (Provérbios 18:22). Uma mulher virtuosa vale mais do que muitas riquezas. O seu valor excede o de finas joias (Provérbios 31:10). É absolutamente necessário pedir a orientação de Deus para o casamento. Somente Deus tem a correta e infalível orientação para um casamento saudável. Kaiser comenta que a perspectiva teológica de Gênesis 2 é que Deus criou um jardim para proporcionar prazer ao homem, animais para servi-lo, e a mulher para fazer-lhe companhia.[59]

O casamento é um símbolo do relacionamento entre Cristo e a Igreja

ASSIM COMO EVA FOI TIRADA da costela de Adão (Gênesis 2:21), assim também a igreja nasceu do sofrimento e da morte de Cristo na cruz. O casamento é um dos mais gloriosos retratos do relacionamento entre Cristo e sua igreja (Efésios 5:22-33). Cristo ama a sua igreja, alimenta-a com sua Palavra, purifica-a com o seu sangue, e dela cuida através da sua abundante providência. O amor de Cristo pela igreja é perseverante (João 13:1), sacrificial (Efésios 5:25), santificador (Efésios 5:26), proposital (Efésios 5:27), intenso (Efésios 5:28) e afetuoso (Efésios 5:29). O relacionamento de Cristo com a sua igreja é o sublime exemplo que todos os maridos devem seguir.[60] A maioria dos terapeutas no campo da saúde mental concorda que o amor é a maior necessidade do ser humano. James Mallory diz que o marido deve expressar o seu acendrado carinho pela esposa usando os sete A's

Os fundamentos do casamento

do amor: Acessibilidade, Assertividade, Afeto, Atenção, Abertura, Aperfeiçoamento e Aventura.[61]

O casamento não é compulsório

O CASAMENTO FOI CRIADO POR DEUS para resolver o problema da solidão do homem. Mas, Deus chamou algumas pessoas para serem uma exceção à sua própria regra (Gênesis 2:18,24), providenciando para eles as condições necessárias para viverem uma vida como solteiros (Mateus 19:11,12; 1Coríntios 7:7).[62]

O ensino restrito e deveras estreito que Jesus deixou sobre o divórcio, estabelecendo a sua legitimidade apenas no caso da infidelidade conjugal (Mateus 19:9), provocou uma forte reação dos discípulos:

> Disseram-lhe os discípulos: Se essa é a condição do homem relativamente à sua mulher, não convém casar. Jesus, porém, lhes respondeu: Nem todos são aptos para receber este conceito, mas apenas aqueles a quem é dado. Porque há eunucos de nascença; há outros a quem os homens fizeram tais; e há outros que a si mesmos se fizeram eunucos, por causa do reino dos céus. Quem é apto para o admitir admita.[63]

A resposta dos discípulos ao ensino de Cristo, mostrou que eles discordavam do Mestre. Jesus, entretanto, deixou claro que cada pessoa, homem ou mulher, deve considerar a vontade de Deus a respeito do casamento. Algumas pessoas abdicam do casamento por terem nascido com problemas físicos ou emocionais. Outras não se casam por causa de suas responsabilidades na sociedade, ou seja, foram feitos eunucos pelos homens. Alguns, como o apóstolo Paulo, permanecem solteiros para

CASAMENTO, DIVÓRCIO E NOVO CASAMENTO

poderem servir melhor ao Senhor.[64] O Senhor Jesus mencionou três tipos de eunucos: alguns homens eram eunucos porque nasceram sem a capacidade de se relacionar sexualmente. Outros porque foram castrados pelos homens. Os reis orientais obrigavam os servos que cuidavam de seus haréns a se submeterem a uma cirurgia para se tornarem eunucos. Mas, Jesus estava se referindo especialmente àqueles que se fizeram eunucos por amor ao Reino de Deus. Esses homens poderiam se casar, visto que não tinham nenhum impedimento físico. Contudo, por dedicação a Jesus e ao seu Reino, eles abdicaram do casamento para se consagrarem integralmente à causa de Cristo. O apóstolo Paulo refere-se a esse tipo de compromisso: *"...aquele que não é casado cuida das coisas do Senhor, de como agradar ao Senhor".*[65] O celibato não deve ser uma imposição, mas uma abstinência voluntária. Jesus disse que nem todos os homens estariam aptos para esse mister. Somente aqueles que são capacitados por Deus podem tomar esse caminho. Assim diz o apóstolo Paulo: *"Quero que todos os homens sejam tais quais como também eu sou; no entanto, cada um tem de Deus o seu próprio dom; um, na verdade, de um modo; outro, de outro".*[66]

Carson chama a atenção para o fato de que nem Jesus nem os apóstolos viam o celibato como um estado intrinsicamente mais santo que o casamento.[67] O apóstolo Paulo adverte,

> Ora, o Espírito afirma expressamente que, nos últimos tempos, alguns apostatarão da fé, por obedecerem a espíritos enganadores e a ensinos de demônios, pela hipocrisia dos que falam mentiras e que têm cauterizada a própria consciência, que proíbem o casamento, exigem abstinência de alimentos que Deus criou para serem recebidos com ação de graças, pelos fiéis e por quantos conhecem plenamente a verdade.[68]

OS FUNDAMENTOS DO CASAMENTO

De igual forma, o autor da carta aos Hebreus diz: *"Digno de honra entre todos seja o matrimônio, bem como o leito sem mácula; porque Deus julgará os impuros e adúlteros".*[69] O celibato não é uma condição para atingir um nível mais alto de ministério. O apóstolo Pedro era casado (Mateus 8:14). Os demais apóstolos, bem como Tiago, irmão de Jesus, que era presidente do concílio de Jerusalém, também o eram (1Coríntios 9:5). O celibato é um chamado de Deus para um ministério com dedicação absolutamente exclusiva na obra do Senhor. O apóstolo Paulo, chamado e capacitado por Deus, dedicou-se totalmente à obra de Deus, e nos dá seu testemunho:

> O que realmente eu quero é que estejais livres de preocupações. Quem não é casado cuida das cousas do Senhor, de como agradar ao Senhor; mas o que se casou cuida das cousas do mundo, de como agradar à esposa, e assim está dividido. Também a mulher, tanto a viúva como a virgem, cuida das cousas do Senhor, para ser santa, assim no corpo como no espírito; a que se casou, porém, se preocupa com as cousas do mundo, de como agradar ao marido. Digo isto em favor dos vossos próprios interesses; não que eu pretenda enredar-vos, mas somente para o que é decoroso e vos facilite o consagrar-vos, desimpedidamente, ao Senhor.[70]

Aqueles que impõem um celibato compulsório a si mesmo ou a outros, deveriam lembrar das palavras do apóstolo Paulo: *"Caso, porém, não se dominem, que se casem; porque é melhor casar do que viver abrasado".*[71]

Visto que o celibato é um dom de Deus,[72] precisamos entender que ele é uma exceção à norma estabelecida pelo próprio Deus sobre o casamento. Jay Adams comenta:

CASAMENTO, DIVÓRCIO E NOVO CASAMENTO

Deus não dá dons inúteis nem sem propósitos específicos. Aqueles que têm o dom para o casamento devem se preparar para o casamento e procurá-lo. Aqueles que têm o dom do celibato, semelhantemente, devem se preparar para a vida solteira, e procurar manter-se nesse estado.[73]

Os fundamentos do casamento

Notas do capítulo 2

[19] **Warren W. Wiersbe.** *The Bible Exposition Commentary. Vol 1.* Colorado Springs, Colorado. Chariot Victor Publishing. 1989: 68.

[20] **John Wesley.** *Matthew. In The Classic Bible Commentary,* ed. By Owen Collins. Wheaton, Illinois. Crossway Books: (911-949).

[21] **Chamblin J. Knox.** *Matthew. In Baker Commentary on the Bible,* ed. By Walter A. Elwell. Grand Rapids, Michigan. Baker Book House. 1989: (719-760).

[22] **D. A. Carson.** *Matthew. In Zondervan NIV Bible Commentary. Vol. 2,* by Kenneth L. Barker & John R. Kollenberger III. Grand Rapids, Michigan. Zondervan Publishing House. 1994: p. 87.

[23] **Mateus 19:3.**

[24] **John Calvin.** *Harmony of Matthew, Mark, and Luke – Calvin's Commentaries. Vol. XVI.* Grand Rapids, Michigan. Baker Book House. 1979: p. 378.

[25] **Robert Jamieson** et al. *Jamieson, Fausset & Brown's Commentary.* Grand Rapids, Michigan. Zondervan Publishing House. 1961: p. 935.

[26] **Norman L. Geisler.** *Christian Ethics: Options and Issues.* Grand Rapids, Michigan. Baker Book House. 2000: p. 277.

[27] **Jay Adams.** *Op. Cit.* Grand Rapids, Michigan: Zondervan Publishing House. 1980: p. 3.

[28] **Richard France.** *Matthew.* In *New Bible Commentary,* ed. by G. J. Wenham et. al. Downers Grove, Illinois, Intervarsity Press. 1994: p. 944-945.

[29] **Jay Adams.** *Op. Cit.* 1980: p. 3-4.

[30] **Walter Kaiser Jr.,** *Toward Old Testament Ethics.* Grand Rapids, Michigan. Zondervan Publishing House. 1983: p. 181.

[31] **Rob Parsons.** *60 Minutos para Renovar seu Casamento.* Belo Horizonte, MG. Editora Betânia. 2002: p. 16-17.

[32] **Rob Parsons.** *Op. Cit.* 2002: p. 24.

[33] **Norman L. Geisler.** *Christian Ethics: Options and Issues.* Grand Rapids, Michigan. Baker Book House. 2000: p. 278.

[34] **Warren W. Wiersbe.** *The Bible Exposition Commentary Vol. 1.* Colorado Springs, Colorado. Chariot Victor Publishing. 1989: p. 69.

[35] **Mateus 19:4-6.**

[36] **Walter Kaiser Jr.,** *Op. Cit.* 1991: p. 189.

[37] **Norman Geisler.** *Op. Cit.* 2000: p. 281.

[38] **Walter Trobisch.** *Por favor me ajude! Por favor me ame!* São Paulo, SP. Abu Editora. 1984: p. 13.

[39] **Adam Clarke.** *Clarke's Commentary. Matthew-Revelation, Vol. V.* Nashville, Tennessee. Abingdon. N. d.: p. 189.

[40] **John Gill.** *An Exposition of the New Testament. Vol VII.* London. Printed for Matthews and Leigh. 1809: p. 212.

[41] **Jay Adams.** *Op. Cit.* 1980: p. 17.

Casamento, divórcio e novo casamento

[42] **Efésios** 5:28,29.

[43] **John Calvin.** *Harmony of Matthew, Mark, and Luke – Calvin's Commentaries. Vol. XVI.* Grand Rapids, Michigan. Baker Book House. 1979: p. 379.

[44] **Adam Clarke.** *Op. Cit.* N. d.: p. 189.

[45] **Jay Adams.** *Op. Cit.* 1980: p. 17.

[46] **Warren Wiersbe.** *Op. Cit.* 1989: p. 69.

[47] **Norman Geisler.** *Op. Cit.* 2000: p. 280.

[48] **Romanos** 7:2,3.

[49] **1Coríntios** 7:39.

[50] **Mateus** 22:30.

[51] **1Coríntios** 7:1-5.

[52] **1Tessalonicenses** 4:3-8.

[53] **Gênesis** 1:27-31.

[54] **Provérbios** 5:15-20.

[55] **Tony Warren.** *Divorce and Remarriage: The Authority of Scripture.* http://members.aol.com/warren13/divorce.html . 2001: p. 2.

[56] **D. A. Carson.** *Matthew. In Zondervan NIV Bible Commentary. Vol. 2.* ed. By Kenneth L. Barker & John R. Kollenberger III. Grand Rapids, Michigan. Zondervan Publishing House. 1994: p. 87-88.

[57] **Jay Adams.** *Op. Cit.* 1980: p. 19.

[58] **Walter C. Kaiser.** *Op. Cit.* 1983: p. 182.

[59] **Walter C. Kaiser.** *Op. Cit.* 1991: p. 181.

[60] **Warren Wiersbe.** *Op. Cit.* 1989: p. 69.

[61] **James D. Mallory.** *Op. Cit.* 1997: p. 122-136.

[62] **Jay Adams.** *Op. Cit.* 1980: p. 8-9.

[63] **Mateus** 19:10-12.

[64] **John Murray.** *Principles of Conduct: Aspects of Biblical Ethics.* Grand Rapids, Michigan. William B. Eerdmans Publishing Company. 1999: p. 58; Warren Wiersbe. *Op. Cit.* 1989: p. 71.

[65] **1Coríntios** 7:32.

[66] **1Coríntios** 7:7.

[67] **D. A. Carson.** *Matthew. In Zondervan NIV Bible Commentary. Vol. 2.* Ed. By Kenneth L Barker & John R. Kollenberger III. Grand Rapids, Michigan: Zondervan Publishing House. 1994: p. 89.

[68] **1Timóteo** 4:1-3.

[69] **Hebreus** 13:4.

[70] **1Coríntios** 7:32-35.

[71] **1Coríntios** 7:9.

[72] **1Coríntios** 7:7.

[73] **Jay Adams.** *Op. Cit.* 1980: p. 9.

Capítulo 3
Os propósitos do casamento

O **PRIMEIRO E** mais importante propósito do casamento é glorificar a Deus. Diz o apóstolo Paulo: *"Portanto, quer comais, quer bebais ou façais outra cousa qualquer, fazei tudo para a glória de Deus"*.[74] O casamento deve ser dedicado a Deus e dirigido por Ele, para glorificá-lo. Mas vejamos quais são os outros propósitos do casamento.

O casamento resolve o problema da solidão

O **CASAMENTO É A SOLUÇÃO DIVINA** para o problema da solidão humana. O homem, criado à imagem e semelhança de Deus, não pôde encontrar na vasta criação nenhum ser capaz de completá-lo. Deus deu a Adão o privilégio de dar nome a todos os animais. Conforme os animais iam passando, aos pares, ele os nomeava: esse vai se chamar leão e seu par leoa; boi e vaca; gato e gata, e assim por diante. Quando Adão terminou sua tarefa, não encontrou nenhum ser que lhe correspondesse. Deus era a sua única companhia. Na viração da tarde, Deus descia para falar com Adão. Porém, mesmo desfrutando

Casamento, divórcio e novo casamento

da comunhão com o Deus perfeito, no lugar perfeito, havia um vazio no coração de Adão. Então, Deus pensou: Não é bom que o homem viva só. A carência de Adão foi identificada por Deus. Adão não tinha ninguém igual a ele. Deus estava acima dele, e os animais estavam abaixo. Adão precisava de alguém que lhe correspondesse, que lhe olhasse nos olhos, alguém que fosse para ele uma auxiliadora idônea.

Adão, mesmo vivendo em um mundo de beleza indescritível e harmonia irretocável, não conseguia superar a solidão que pulsava em seu peito. Ele podia contemplar o arvoredo prenhe de deliciosos frutos, os campos engrinaldados de flores, os prados farfalhantes e as águas cristalinas dos rios Tigre e Eufrates que cruzavam o jardim. Podia deleitar-se com o canto dos pássaros que enchiam o ar de romantismo, ou mesmo com os animais que saltitavam pelos campos, mas não conseguia vislumbrar sequer uma criatura capaz de acalentar os anseios do seu coração. Então, o próprio Deus, que sonda os corredores da alma humana, diagnosticou sua solidão.

Disse mais o Senhor Deus: Não é bom que o homem esteja só; far-lhe-ei uma auxiliadora que lhe seja idônea. Havendo, pois, o Senhor Deus formado da terra todos os animais do campo e todas as aves dos céus, trouxe-os ao homem, para ver como este lhes chamaria; e o nome que o homem desse a todos os seres viventes, esse seria o nome deles. Deu nome o homem a todos os animais domésticos, às aves dos céus e a todos os animais selváticos; para o homem, todavia, não se achava uma auxiliadora que lhe fosse idônea. Então, o Senhor Deus fez cair pesado sono sobre o homem, e este adormeceu; tomou uma de suas costelas e fechou o lugar com carne. E a costela que o Senhor Deus tomara ao homem, transformou-a numa mulher e lha trouxe. E disse o homem: Esta, afinal, é osso dos meus ossos e carne da minha carne; chamar-se-á varoa, porquanto do varão foi tomada. Por isso, deixa o homem pai e mãe e se une à sua mulher, tornando-se os dois uma só carne.[75]

Casamento é um pacto, uma aliança de comunhão. Essa aliança é chamada de aliança de Deus (Provérbios 2:17). Deus é testemunha da aliança entre marido e mulher (Malaquias 2:14). O casamento, na verdade, é o mais estreito vínculo entre duas pessoas. A união entre marido e mulher é mais estreita do que entre pais e filhos. Os filhos separam-se dos pais quando se casam (Gênesis 2:24). Os cônjuges só se separam um do outro pela morte (1Coríntios 7:39) ou divórcio (Mateus 19:9; 1Coríntios 7:15). O cônjuge é a pessoa com quem compartilhamos intimidade física, pensamentos, alvos, planos e esforços, alegrias e tristezas.

O casamento resolve a necessidade de uma descendência santa

O SEXO FOI CRIADO E ORDENADO por Deus antes da entrada do pecado no mundo. A ideia de que o fruto proibido estava relacionado ao sexo não passa de uma lenda intencionalmente distorcida. A Palavra de Deus é clara:

E Deus os abençoou e lhes disse: Sede fecundos, multiplicai-vos, enchei a terra e sujeitai-a; dominai sobre os peixes do mar, sobre as aves dos céus e sobre todo animal que rasteja pela terra.[76]

Jay Adams afirma corretamente que o casamento não deve ser entendido da forma como é visto pela teologia católica romana e muitos protestantes – uma instituição designada apenas para propagar a raça humana.[77] Casamento é mais do que manter um relacionamento sexual. Reduzir o casamento apenas ao leito conjugal, ao relacionamento físico legítimo, responsável e puro é um erro com sérias implicações. A propagação da raça é um subpropósito do casamento, não o seu principal objetivo. O casamento não pode ser reduzido apenas ao relacionamento sexual entre um homem e uma mulher. Ele é muito mais do que isso. Jay Adams afirma que o casamento é muito diferente e muito maior do que isso, não obstante inclua a união sexual para propagação da raça.[78]

Muito embora o casamento não esteja circunscrito apenas ao relacionamento sexual, nem o relacionamento sexual esteja circunscrito apenas à procriação, o casamento é o único meio legítimo para encher a terra de acordo com o padrão estabelecido por Deus. À parte do casamento legal, o mandato divino não pode ser cumprido.

O casamento resolve as necessidades emocionais, morais e físicas do ser humano

DEUS DISSE NO PRINCÍPIO: *"...far-lhe-ei uma auxiliadora que lhe seja idônea".*[79] *Idônea* significa aquela que olha nos olhos, ou seja, alguém igual a ele. A mulher satisfaz o homem nos aspectos emocional, moral, espiritual e físico. Ela não é parte do homem, mas sua própria carne. A mulher foi formada da costela do homem. Ao amar sua mulher, o homem está amando a si mesmo. A Palavra de Deus diz:

Os propósitos do casamento

Assim também os maridos devem amar a suas mulheres como ao próprio corpo. Quem ama a esposa a si mesmo se ama. Porque ninguém jamais odiou a própria carne; antes, a alimenta e dela cuida, como também Cristo o faz com a igreja.[80]

O casamento é um terreno fértil de prazer a ser explorado. A relação entre marido e mulher, apesar de produzir "angústia na carne",[81] é também uma relação extremamente compensadora e prazerosa. O casamento foi criado por Deus para a felicidade do ser humano. Quando Deus trouxe Eva à presença de Adão, ele exclamou com efusiva alegria: *"...esta, afinal, é osso dos meus ossos e carne da minha carne; chamar-se-á varoa, porquanto do varão foi tomada".*[82]

O casamento é uma relação que implica união sexual, com direitos e responsabilidades iguais, visando o prazer tanto do homem como da mulher. O apóstolo Paulo ensina:

> O marido conceda à esposa o que lhe é devido, e também, semelhantemente, a esposa, ao seu marido. A mulher não tem poder sobre o seu próprio corpo, e sim o marido; e também, semelhantemente, o marido não tem poder sobre o seu próprio corpo, e sim a mulher. Não vos priveis um ao outro, salvo talvez por mútuo consentimento, por algum tempo, para vos dedicardes à oração e, novamente, vos ajuntardes, para que Satanás não vos tente por causa da incontinência.[83]

O casamento autoriza, autentica e legitima a relação sexual entre um homem e uma mulher. A Bíblia diz: *"Digno de honra entre todos seja o matrimônio, bem como o leito sem mácula; porque Deus julgará os impuros e adúlteros".*[84] A relação sexual fora

CASAMENTO, DIVÓRCIO E NOVO CASAMENTO

do casamento, embora possa oferecer prazer carnal, produz no fim tormento e culpa, e atrai o juízo divino,[85] enquanto que a relação sexual dentro do casamento é legítima, boa, pura, imperativa e prazerosa.[86]

O intercurso sexual antes do casamento é considerado fornicação, enquanto o intercurso sexual fora do casamento é adultério.[87] Sob a lei do Antigo Testamento, aqueles que se envolviam em relações sexuais pré-maritais eram obrigados a se casar. Assim dizem as Escrituras:

> Se um homem achar moça virgem, que não está desposada, e a pegar, e se deitar com ela, e forem apanhados, então, o homem que se deitou com ela dará ao pai da moça cinquenta ciclos de prata; e, uma vez que a humilhou, lhe será por mulher, não poderá mandá-la embora durante a sua vida.[88]

O sexo foi santificado por Deus para ser desfrutado apenas dentro do contexto do casamento. A orientação do apóstolo Paulo é que por causa da impureza, cada um tenha a sua própria esposa, e cada uma, o seu próprio marido.[89] O leito sem mácula é digno de honra entre todos.[90] O sexo antes e fora do casamento traz sérios prejuízos. Não existe sexo seguro a não ser dentro das balizas sacrossantas do casamento. Mas, mesmo dentro do casamento o sexo precisa ser puro e santo. Alguns conselheiros aventuram-se a ensinar que entre marido e mulher, dentro de quatro paredes, tudo é permitido quando se trata de sexo. Essa posição não tem apoio nem da ciência nem da Bíblia. Há aberrações sexuais nocivas, antinaturais e anti-higiênicas. Práticas sexuais envolvendo sadismo, masoquismo, sexo anal ou mesmo sexo oral estão em desacordo com os padrões mais excelentes da higiene, e em franca oposição ao ensino da Palavra de Deus. É

Os propósitos do casamento

de bom alvitre que os jovens se acautelem em requerer exames preventivos antes das núpcias. Não basta que ambos sejam fiéis depois de casados se, no passado, tiveram múltiplos parceiros. Certa ocasião, fui procurado por uma mulher cristã que havia se casado com um jovem recém-convertido. Ela não se preocupou em pedir-lhe que fizesse alguns exames preventivos. Logo no primeiro ano de casada, ficou grávida, e começou a ter problemas com a gravidez. Depois de longos e exaustivos exames, constatou-se que aquela mulher estava com AIDS. Seu marido, embora convertido, levara uma vida promíscua no passado, e agora, transmitira para sua esposa o vírus HIV.

A sociedade pós-moderna despreza os ensinos de Deus e aprova o que Deus reprova, mas não pode livrar-se das consequências de suas escolhas erradas. O sexo fora dos princípios estabelecidos pelo Criador gera desvios de conduta, vícios degradantes, sentimento de culpa e vergonha, feridas incuráveis e danos irreparáveis. As relações homossexuais são uma abominação para Deus, uma perversão da natureza, um erro, uma desonra, uma torpeza, uma prática que atenta contra a própria criação.[91] A relação sexual antes do casamento representa uma posse antecipada e ilegítima. Essa posse antecipada mata o desejo, produz culpa, gera temor, insegurança e ciúme e fragiliza a relação conjugal, além de atrair também a inevitável vingança de Deus. O sexo fora do casamento é um desatino. O adultério é como uma punhalada nas costas do cônjuge traído. É como um câncer, que destrói o casamento e produz sofrimento, dor, separação e até mesmo morte. A Bíblia é enfática ao tratar esse assunto: *"O que adultera com uma mulher está fora de si; só mesmo quem quer arruinar-se é que pratica tal cousa".*[92]

A plena realização sexual só pode ser experimentada através de um casamento heterossexual, monogâmico, monossomático

CASAMENTO, DIVÓRCIO E NOVO CASAMENTO

e indissolúvel. Assim, o propósito do sexo vai muito além da procriação. Norman Geisler diz que o sexo tem três propósitos básicos: procriação (Gênesis 1:28), unificação (Gênesis 2:24) e prazer (Provérbios 5:18,19).[93]

As Escrituras revelam claramente o propósito de Deus para o relacionamento sexual entre marido e mulher. O sexo foi criado por um Deus santo. Assim diz a Palavra: *"Criou Deus, pois, o homem à sua imagem, à imagem de Deus o criou; homem e mulher os criou. E Deus os abençoou e lhes disse: Sede fecundos, multiplicai-vos, enchei a terra"*.[94] Deus criou o homem e a mulher como seres sexuados, com desejos sexuais. Deus criou os órgãos sexuais e colocou-os no corpo humano com uma finalidade específica. Diz o apóstolo Paulo: *"Mas Deus dispôs os membros, colocando cada um deles no corpo, como lhe aprouve"*.[95]

Sexo é bom, visto que tudo que Deus fez foi avaliado por ele mesmo e recebeu a nota máxima. Diz o texto bíblico: *"Viu Deus tudo quanto fizera, e eis que era muito bom"*.[96]

O sexo é uma ordenança divina. Deus não apenas criou o sexo e o avaliou como muito bom. Ele também disse que o sexo deve ser considerado digno de honra.[97] Porque o sexo é santo, bom e digno, ele também é uma ordenança estabelecida por Deus antes da queda.[98]

O sexo no casamento também traz prazer. A lei do Antigo Testamento permitia que o homem recém-casado desfrutasse de sua lua-de-mel por um ano. Diz a Bíblia: *"Homem recém-casado não sairá à guerra, nem se lhe imporá qualquer encargo; por um ano ficará livre em casa e promoverá felicidade à mulher que tomou"*.[99] O ensino da Palavra de Deus é claro: *"Goza a vida com a mulher que amas, todos os dias de tua vida fugaz, os quais Deus te deu debaixo do sol"*.[100] Sem rodeios ou tabus, a Palavra de Deus revela a fonte de prazer que é o sexo no casamento:

Os propósitos do casamento

Seja bendito o teu manancial, e alegra-te com a mulher da tua mocidade, corça de amores e gazela graciosa. Saciem-te os seus seios em todo o tempo; e embriaga-te sempre com as suas carícias. Por que, filho meu, andarias cego pela estranha e abraçarias o peito de outra?[101]

O sexo no casamento requer carinho e carícias. Ele é fruto de uma união de amor. A Bíblia relata que Isaque acariciava Rebeca.[102] O apóstolo Paulo diz que o marido alimenta e cuida da esposa.[103] A palavra grega usada pelo apóstolo para "cuidar" só aparece mais uma vez no Novo Testamento, em 1Tessalonicenses 2:7, com o sentido de "acariciar". O sexo vendido, mercadejado, prostituído, é uma profanação do corpo e uma conspiração contra a santidade do sexo criado por Deus para ser desfrutado dentro do casamento.

O sexo no casamento, de acordo com o ensino das Escrituras, requer total devoção entre os cônjuges. O marido deve conceder à esposa o que lhe é devido, ou seja, a plenitude da satisfação sexual, o orgasmo.[104] A chantagem sexual dentro do casamento é um expediente indigno, uma atitude imatura, incompatível com a vontade de Deus para o casal. O apóstolo Paulo diz que o marido não tem poder sobre o seu próprio corpo e sim a mulher, semelhantemente, a mulher não tem poder sobre o seu próprio corpo e sim o marido.[105] Não faça do sexo uma arma, pois a vítima pode ser você (1Coríntios 7:3-5). Paulo afirma que o sexo antes e fora do casamento é pecado, mas a ausência de sexo no casamento também é pecado. Veja o que Paulo ordena:

Não vos priveis um ao outro, salvo talvez por mútuo consentimento, por algum tempo, para vos dedicardes à

CASAMENTO, DIVÓRCIO E NOVO CASAMENTO

oração e, novamente vos ajuntardes, para que Satanás não vos tente por causa da incontinência.[106]

Algumas verdades são destacadas por Paulo no texto acima: Primeiro, *a sonegação do sexo ao cônjuge é uma retenção indevida.* A ordem bíblica é clara: *"Não vos priveis um ao outro".* Negar-se a atender o cônjuge sexualmente é tirar dele o que lhe é de direito. É impedir que ele tome posse de uma propriedade que é sua. É proibir que ele usufrua os benefícios daquilo que lhe foi garantido. Deixar de atender sexualmente ao cônjuge é desobedecer uma ordem bíblica, é ir de encontro ao preceito de Deus, é estar na contramão do mandamento do Senhor.

Segundo, *a abstenção do sexo no casamento não pode ser uma decisão unilateral.* Diz o apóstolo Paulo: *"... salvo talvez por mútuo consentimento".* A esposa não pode chegar para o marido, nem o marido para a esposa, e dizer: "Esta semana decidi abster-me do sexo". Agir assim é atentar contra o direito sacrossanto do cônjuge. É negar-lhe o mais íntimo e inalienável privilégio. É pôr o pé na estrada da desobediência a Deus e da insensatez humana. O apóstolo Paulo é tão cauteloso em relação a esse assunto que não aprova a privação sexual por qualquer motivo, mesmo que a decisão seja consensual, por isso usa a expressão *talvez.* O casal pode muitas vezes tomar uma decisão errada. Ananias e Safira concordaram em mentir sobre o valor de uma propriedade, e ambos estavam errados. Eles mentiram ao Espírito Santo e morreram por causa do seu delito. Certa ocasião, um casal procurou-me para aconselhamento. Logo no início da conversa, eles disseram que não mantinham relacionamento sexual há vinte e cinco anos. Ambos haviam concordado em tomar essa decisão drástica, mas mesmo assim, estavam errados.

Os propósitos do casamento

Terceiro, *a abstenção sexual não pode ser por qualquer motivo nem por longo tempo*. Paulo deixa isso meridianamente claro: *"...por algum tempo, para vos dedicardes à oração e, novamente vos ajuntardes."* A abstenção sexual não pode ocorrer por qualquer motivo. Paulo diz que essa abstenção só é legítima no caso de uma consagração especial do casal à oração. Mas é preciso ter cuidado para que essa prática devocional não se transforme numa fuga da responsabilidade conjugal. Muitas pessoas usam desculpas espirituais para justificar sua negligência na área sexual. Nossa consagração a Deus não pode ser em detrimento da nossa dedicação ao cônjuge. Há desculpas indevidas e infundadas para se esquivar da relação sexual. É comum as pessoas alegarem cansaço, sono ou mesmo ansiedade como desculpa. O sexo, na forma estabelecida por Deus, não faz mal para dor de cabeça, ao contrário, é um santo remédio e uma abençoada terapia.

Quarto, *a abstenção sexual pode tornar-se uma armadilha perigosa para o casal*. O apóstolo Paulo afirma: *"... e novamente vos ajuntardes, para que Satanás não vos tente por causa da incontinência"*. Quando um dos cônjuges se esquiva do relacionamento sexual, não tarda para que Satanás interfira colocando uma outra pessoa no caminho. O cônjuge espoliado dos seus direitos que cai na teia da sedução e no laço do adultério comete um sério pecado, mas o cônjuge que lhe sonegou o sexo é co-responsável pela sua queda.

A vida sexual do casal pode ser abundante e criativa, mas precisa primeiramente ser pura. Há coisas que são erradas no relacionamento sexual, mesmo entre marido e esposa. As aberrações sexuais são inconvenientes, mesmo quando acontecem no leito conjugal. Deus criou-nos de forma sábia. Cada membro do nosso corpo tem uma finalidade. Deus não nos criou com as

CASAMENTO, DIVÓRCIO E NOVO CASAMENTO

narinas voltadas para cima, porque assim morreríamos afogados na chuva. Deus criou os órgãos sexuais do homem e da mulher de forma adequada. O sexo anal, por exemplo, é antinatural, anti-higiênico e antiético. Esse tipo de relacionamento foge ao propósito da criação, e é uma deturpação do propósito divino. Tudo aquilo que é antinatural corrompe, vicia e degrada. Muitos casais acabam perdendo a alegria e o prazer do coito natural por se tornarem dependentes de práticas antinaturais. Todo vício, além de causar dependência, conduz seus praticantes à degradação. A dose experimentada ontem já não é suficiente hoje. Cada dia os aproxima mais na direção do abismo moral.

Há cônjuges, especialmente do sexo masculino, que são viciados em pornografia. A pornografia é uma poderosa indústria. Ela banaliza e bestializa a sacralidade do sexo. Ela coisifica e vulgariza esse precioso dom divino. O vício da pornografia está destruindo muitos casamentos. Há homens que são viciados em filmes pornográficos e levam todo esse lixo para o leito conjugal, obrigando ou constrangendo suas mulheres a assisti-lo. Pior ainda, muitos cônjuges alimentam suas fantasias, buscando reproduzir essas práticas execráveis no leito conjugal. Muitas mulheres admitem que se sentem verdadeiras prostitutas em seu próprio leito conjugal, sendo forçadas a ceder aos caprichos e fantasias tresloucadas de seus maridos.

Quando um homem torna-se cativo dessa depravação moral, alimentando seus olhos com a lascívia e entupindo seu coração com essas aberrações sexuais, ele comete adultério, mesmo tendo relacionamento sexual apenas com sua esposa. Jesus disse que se um homem olhar para uma mulher com intenção impura, no seu coração já adulterou com ela. Assim, quando um homem utiliza esses expedientes pornográficos para se excitar, está apenas usando o corpo da esposa, pois sua fantasia é com

Os propósitos do casamento

aquela pessoa que está no vídeo. Isso é adultério, praticado no próprio leito conjugal.

O casamento não resolve esses desvios comportamentais. Muitas pessoas continuam viciadas em masturbação e pornografia mesmo depois do casamento, e abdicam de um relacionamento puro, santo e criativo para se corromperem na busca de um prazer artificial, egoísta, doentio e degradante.

O sexo no casamento também requer fidelidade. A infidelidade conjugal é uma triste marca da sociedade contemporânea. Ela tem destruído vidas, casamentos e famílias e desbarrancado os valores abolutos estabelecidos por Deus. A fidelidade conjugal não é uma opção, mas uma necessidade imperativa para se construir um casamento seguro. O cônjuge precisa ter a segurança descrita nas Escrituras: *"Jardim fechado és tu, minha irmã, noiva minha, manancial recluso, fonte selada".*[107] O casamento inclui pertinência e devoção. Essas características são claramente expostas na Palavra de Deus: *"Eu sou do meu amado, e o meu amado é meu...".*[108]

Notas do capítulo 3

[74] **1Coríntios** 10:31.
[75] **Gênesis** 2:18-24.
[76] **Gênesis** 1:28.
[77] **Jay Adams.** *Op. Cit.* 1980: p. 5.
[78] **Ibidem,** p. 5.
[79] **Gênesis** 2:18.
[80] **Efésios** 5:28,29.
[81] **1Coríntios** 7:28.
[82] **Gênesis** 2:23.
[83] **1Coríntios** 7:3-5.
[84] **Hebreus** 13:4.
[85] **1Tessalonicenses** 4:6.
[86] **Provérbios** 5:15-19.
[87] **Atos** 15:20; 1Coríntios 6:18; Êxodo 20:14; Mateus 19:9.
[88] **Deuteronômio** 22:28,29.
[89] **1Coríntios** 7:2.
[90] **Hebreus** 13:4.
[91] **Romanos** 1:24-28.
[92] **Provérbios** 6:32.
[93] **Norman Geisler.** *Christian Ethics: Options and Issues.* Grand Rapids, Michigan. Baker Book House. 2000: p. 278-79.
[94] **Gênesis** 1:27,28.
[95] **1Coríntios** 12:18.
[96] **Gênesis** 1:31.
[97] **Hebreus** 13:4.
[98] **Gênesis** 1:28; 2:22-25; Mateus 19:5.
[99] **Deuteronômio** 24:5.
[100] **Eclesiastes** 9:9.
[101] **Provérbios** 5:18,19.
[102] **Gênesis** 26:8.
[103] **Efésios** 5:29.
[104] **1Coríntios** 7:3.
[105] **1Coríntios** 7:4.
[106] **1Coríntios** 7:5.
[107] **Cantares** 4:12.
[108] **Cantares** 6:3.

Capítulo 4
Os papéis no casamento

NÃO EXISTE casamento perfeito. Pessoas imperfeitas realizam casamentos imperfeitos, e casamentos imperfeitos necessitam de constante abnegação e contínuo investimento. No relacionamento conjugal é preciso dar mais e pedir menos, elogiar mais e criticar menos, ouvir mais e falar menos, compreender mais e censurar menos. O segredo para se ter um casamento feliz está mais em ser a pessoa certa do que em procurar a pessoa certa. A felicidade no casamento não é automática. Ela precisa ser conquistada passo a passo. Ed Rene Kivitz afirma que a felicidade é muito mais um jeito de ir do que um lugar aonde se quer chegar.[109] Os que buscam a felicidade não a encontram, mas os que vivem segundo os princípios de Deus são felizes. O casamento deve ser a ante--sala do céu e não o porão do inferno, um largo horizonte de liberdade e não um apertado calabouço, um lindo sonho de alegria e não um pesadelo marcado pelo desespero. É impossível encontrar a felicidade no casamento sem compreender o que a Bíblia diz sobre os papéis específicos do marido e da esposa no casamento.

A Palavra de Deus tem princípios claros e definidos tanto para o marido como para a esposa. Ambos devem conhecer suas funções e papéis, visto que onde não há ordem, reina a anarquia. Mas onde cada um conhece seu papel e o exerce sob a direção e bênção de Deus, há paz e felicidade.

O papel do marido

Amor criativo

O marido deve amar sua esposa de forma criativa. Seu amor por ela deve ser semelhante ao amor de Cristo pela igreja, ou seja, um amor incondicional, perseverante, santificador, sacrificial, guerreiro e romântico. Esse amor é claramente descrito pelo apóstolo Paulo.

Em primeiro lugar, é *um amor incondicional*. *"Maridos, amai vossas mulheres, como também Cristo amou a igreja..."* (Efésios 5:25). A causa do amor de Cristo não está no objeto do seu amor, mas nele mesmo. Cristo não foi despertado a amar a igreja pelas virtudes que ela ostentava, mas Ele a amou apesar de seus pecados. O marido deve amar a esposa não apenas por suas virtudes, mas apesar de seus defeitos.

Em segundo lugar, é *um amor perseverante*. Jesus, tendo amado os seus que estavam no mundo, amou-os até o fim (João 13:1). O existencialismo de Vinícius de Moraes ensina que o amor é eterno enquanto dura. Hoje, o amor foi reduzido a uma paixão crepitante, capaz de explodir de emoções num momento e se cobrir de cinzas no outro. As pessoas se amam intensamente hoje para amanhã sentirem uma aversão mútua. Hoje fazem juras de amor diante do altar e amanhã acusações amargas na barra do tribunal. O verdadeiro amor supera as crises e não naufraga durante as tempestades. Os rios não podem afogá-lo nem

OS PAPÉIS NO CASAMENTO

a morte cobri-lo com uma pá de cal. O amor é mais forte que a morte. O amor jamais acaba.

Em terceiro lugar, é *um amor santificador*. Diz o apóstolo Paulo: *"Cristo amou a igreja e a si mesmo se entregou por ela, para que a santificasse, tendo-a purificado por meio da lavagem de água pela palavra, para a apresentar a si mesmo igreja gloriosa, sem mácula, nem ruga, nem cousa semelhante, porém santa e sem defeito"* (Efésios 5:25-27). O verdadeiro amor santifica a relação. Quando existe amor o relacionamento torna a outra pessoa mais santa, mais pura, mais feliz, mais cheia de vida, mais próxima de Deus. Onde há brigas, contendas, mágoas, sofrimento e choro ali não está presente o verdadeiro amor.

Em quarto lugar, é *um amor altruísta*. Falando sobre o amor de Cristo pela igreja, Paulo diz: *"Assim também os maridos devem amar as suas mulheres como ao próprio corpo. Quem ama a esposa a si mesmo se ama. Porque ninguém jamais odiou a própria carne..."* (Efésios 5:28,29). Amar a esposa é amar a si mesmo. A esposa não é a outra metade do marido, é o próprio marido. Os dois são um. Eles são indivisíveis, inseparáveis, uma só carne. Por outro lado, quem fere a esposa, fere a si mesmo. Quem despreza a esposa, aliena-se de si mesmo. O marido só se realiza através do seu amor à esposa. Sua felicidade depende da felicidade da esposa. Só uma pessoa insana poderia odiar-se e ferir-se. Deixar de amar a esposa ou feri-la é a esclerose do amor, a insanidade do amor.

Em quinto lugar, é *um amor romântico*. O apóstolo Paulo afirma que Cristo alimenta a igreja e dela cuida (Efésios. 5:29). O marido deve prover alimento físico, emocional e espiritual à esposa. A palavra *cuidar* só aparece mais uma vez no Novo Testamento, com o significado de acariciar (1Tessalonicenses 2:7). O marido precisa demonstrar seu amor à esposa não apenas

Casamento, divórcio e novo casamento

com palavras, mas também com gestos. Seu amor deve estar na ponta da língua e na ponta dos dedos. O amor é demonstrado pela palavra e pelo toque, pelo discurso e pela ação. O marido deve demonstrar seu amor pela esposa de três formas distintas: Primeiro, *quem ama declara que ama*. Não basta demonstrar amor pelas atitudes; o amor deve ser expresso também por palavras. Não basta à esposa ver as demonstrações de amor do marido, ela precisa também ouvir.

Segundo, *quem ama tem tempo para a pessoa amada*. Temos tempo para tudo aquilo que consideramos prioridade. No ano de 1986 meu colega de ministério Helquias Gomes de Freitas convidou-me para ir pregar em sua igreja. Consultei minha agenda e respondi: "Este ano não posso atender ao seu generoso convite. Minha agenda está completamente lotada." Porém, alguns dias depois, conheci uma encantadora jovem daquela igreja e acabei indo oito vezes à igreja do meu amigo só naquele ano. Essa jovem hoje é minha esposa. Para vê-la eu mudei minha agenda. Encontrá-la, tornou-se prioridade em minha vida.

Terceiro, *quem ama procura agradar a pessoa amada*. O marido que ama sua esposa procura meios e formas de agradá-la. Ele não se casa apenas para ser feliz, mas, sobretudo, para fazê-la feliz. Verbalizar amor pela esposa e ao mesmo tempo atormentá-la é uma contradição insuportável.

O verdadeiro amor não é possessivo nem manipulador. Ninguém pode ser realmente feliz vivendo no cabresto, sob vigilância e controle do cônjuge. Onde não há liberdade, não há amor. A esposa precisa ser livre para expressar seus pensamentos, sentimentos e desejos sem censura ou medo. O marido precisa descobrir métodos criativos para expressar seu amor pela esposa. Sua meta deve ser agradá-la e satisfazê-la. Tenho participado de vários seminários sobre casamento e pude constatar que

98% das mulheres têm a mesma queixa em relação aos maridos: ausência de carinho. Os maridos estão ficando secos e áridos. As mulheres estão carentes de amor, de apreciação, valorização, afeição e atenção. Enquanto os homens buscam sexo, elas querem carinho.

Liderança sensível

A liderança masculina está ameaçada. O homem tem abandonado o seu posto de liderança e abdicado da posição que Deus lhe conferiu. Essa omissão masculina tem empurrado a mulher para as trincheiras da liderança dentro da família. Desde a Revolução Industrial a mulher vem ocupando cada vez mais o mercado de trabalho. Atualmente, a mulher está presente em todos os segmentos da sociedade, revelando grande desenvoltura e acendrado espírito de luta. O ministério feminino não se restringe mais aos limites do lar. A mulher está alçando os mesmos vôos altaneiros do homem.

Há aspectos positivos nesta questão. A mulher de fato é co-igual ao homem. Tem os mesmos direitos, privilégios e responsabilidades. Perante Deus, ambos são considerados iguais. Não podemos concordar com as vertentes religiosas e culturais que desvalorizam a mulher ou a colocam como estrado aos pés do homem. Também não podemos aplaudir o movimento feminista que busca romper os paradigmas divinos para a família. O ponto central não é a superioridade ou inferioridade do homem ou da mulher, mas qual o papel que cada um deve ocupar na família, na igreja e na sociedade. Estamos assistindo uma inversão de valores nesta questão nevrálgica, de consequências fundamentais para os destinos da humanidade. O ponto que queremos destacar não é o avanço da mulher, mas o recuo do homem; não é o açodamento feminino, mas a omissão masculina. Não se

CASAMENTO, DIVÓRCIO E NOVO CASAMENTO

trata de discutir a superioridade de um em detrimento do outro. O homem e a mulher são iguais diante de Deus e perante a lei. Não podemos concordar com a discriminação entre os sexos. Ambos, homem e mulher, devem ter os mesmos direitos, privilégios e responsabilidades. A questão básica é o papel que cada um deve exercer dentro do lar. A liderança masculina não é uma questão de superioridade, nem a submissão da mulher uma questão de inferioridade. Foi Deus quem colocou o homem como cabeça, e isso não significa que ele é mais importante nem que deve agir como um tirano. Jesus é o cabeça da igreja e Ele a amou e se entregou por ela. Como Senhor da igreja, Ele não a humilhou, mas a serviu e deu a sua vida por ela. A submissão da igreja a Cristo, longe de ser degradante, é a sua glória. O apóstolo Pedro diz que o marido deve viver a vida comum do lar com discernimento, tendo consideração pela sua mulher como vaso mais frágil. Ele deve tratá-la com dignidade (1Pedro 3:7). O marido deve ser um líder presente e participativo nas lidas domésticas. Deve dar mais atenção à sua mulher do que ao trabalho e aos amigos. O cônjuge vem antes dos próprios filhos. O líder deve ser um encorajador. O marido deve cercar a sua esposa de carinho e afeto e ser um bálsamo para o seu coração. Ele deve recebê-la como presente de Deus, como expressão da benevolência do Senhor, digna dos seus maiores elogios e investimentos.

Não podemos nos conformar nem com o machismo, nem com o feminismo. Ambos são uma distorção do propósito divino. A igualdade da mulher é claramente ensinada nas Escrituras. Deus criou-a também à sua imagem e semelhança (Gênesis 1:27). Ela não se encontra em posição superior nem inferior ao homem. Por isso, Deus não a tirou da cabeça nem dos pés do homem, mas da costela. Ela foi dada ao homem não como um ser inferior, ou uma escrava, mas como auxiliadora idônea, ou seja, aquela que olha nos olhos dele, que é igual a ele. Toda cultura que avilta a mulher, saqueando seus sacrossantos direitos, deve merecer o nosso repúdio. Todavia, toda omissão masculina em ocupar o posto que Deus lhe confiou, deve receber nossa altissonante advertência. A construção de uma sociedade saudável precisa ser realizada de acordo com os princípios do Criador. Edificar o monumento da sociedade ao arrepio da lei de Deus é construir para o desastre. A exploração da mulher ao longo da história está em total desacordo com o ensino bíblico. Todavia, igualdade não significa confusão de papéis e funções. A inversão de valores nessa área acarreta prejuízos irreparáveis. A falta de liderança masculina tem empurrado a mulher para a vanguarda e para a linha de frente de muitas batalhas que não lhe pertencem. Quando a mulher preenche essa lacuna, ela se sente frustrada, e ao mesmo tempo um sentimento de conformismo letárgico toma conta do homem.

Deus colocou o homem como cabeça da mulher (1Coríntios 11:3). Se ele se omitir, a família ficará acéfala. Se a mulher tentar concorrer com ele, a família se tornará bicéfala. Há muitos maridos passivos, que relutam em assumir seu posto de liderança. Há outros que são democráticos e sempre seguem a opinião da maioria. E há aqueles que são ditadores e não escutam nem o cônjuge nem os filhos. A sábia e amorosa liderança masculina é fundamental para a estabilidade emocional da família. A mulher que tenta dominar o marido está na contramão da vontade de Deus. Ela acaba desprezando o marido a quem domina, deixando-o frustrado e seus filhos inseguros.

A família pós-moderna está perdendo seus referenciais. O marido está cada vez mais ausente do lar. A mulher está cada vez mais assumindo a liderança na criação dos filhos. A educação

CASAMENTO, DIVÓRCIO E NOVO CASAMENTO

espiritual dos filhos é responsabilidade do marido. Ele precisa criar os filhos na disciplina e admoestação do Senhor (Efésios 6:4; Deuteronômio 6:1-9; Salmos 78:1-4). Todavia, a figura paterna está se tornando cada vez mais fraca na mente das crianças. Seja no departamento infantil das igrejas ou nas escolas públicas, é raro encontrarmos o elemento masculino presente na educação das crianças. A figura masculina está quase apagada da mente infantil. As consequências desse triste fato são notórias e avassaladoras. Os desdobramentos desse abandono masculino na liderança da família têm deixado marcas profundas na sociedade. Uma das causas da grande explosão da homossexualidade nestes dias é a tênue presença da figura masculina no imaginário infantil. Uma mãe dominadora e um pai passivo podem provocar distorções profundas na personalidade da criança.

A ausência da liderança masculina na família passa a ideia de que o homem não se envolve com as questões do lar, por considerar este um assunto exclusivamente feminino. Há quem pense que a função do homem é ganhar dinheiro e cuidar dos negócios da família. Isso tem levado alguns homens a serem apegados ao dinheiro e frios em seus relacionamentos. As coisas passaram a ocupar o lugar das pessoas, e *ter* se tornou mais importante do que *ser.* Os pais não têm mais tempo para os filhos. Muitos tentam compensar a ausência com presentes. Eles estão sempre muito ocupados para ouvir e aconselhar os filhos. Mas enquanto cuidam dos negócios da família, estão perdendo os filhos dentro de casa e dentro da igreja. A história está crivada de exemplos de homens que ganharam notoriedade, construíram impérios financeiros, tornaram-se famosos, mas perderam suas famílias. Muitos homens chegaram ao topo da pirâmide social, galgaram todos os degraus da fama, mas destruiram suas famílias. Na verdade, nenhum sucesso compensa o fracasso dentro do lar.

A maior glória de um homem é ser um líder de verdade dentro da sua casa, é poder apresentar sua família a Deus no altar da consagração. O maior ministério do homem é ser o sacerdote dentro de sua casa. Nenhum outro interesse do mundo deve afastá-lo dessa trincheira sacrossanta.

Comunicação saudável

A língua tem o poder de dar vida ou de matar o casamento (Provérbios 18:21). Ela pode oxigenar o casamento com a mais sublime felicidade ou arrasá-lo até virar pó. A língua pode ser medicina ou veneno, fonte de vida ou cova da morte. A comunicação é a chave para um casamento feliz. O marido sábio é aquele que está pronto para ouvir sua esposa. Ele precisa ter paciência para ouvi-la e pressa para atender suas necessidades. Ele deve ser digno da sua confiança (Provérbios 11:13; 25:9). Ele precisa ser um confidente da esposa, um amigo achegado, um conselheiro bondoso, um homem disponível (Colossenses 3:19).

O marido deve ser pródigo nos elogios e cuidadoso nas críticas. Ele precisa ser pontual em seus compromissos, verdadeiro em suas palavras e leal em suas atitudes. Deve tratar a esposa com afeição na intimidade e com respeito em público, valorizar suas virtudes e esconder suas deficiências. Ele deve ministrar a ela a abundância do seu amor e jamais negar-lhe o perdão. O marido sábio, antes de falar à esposa, deve perguntar a si mesmo: Será que o que vou dizer é verdadeiro? Expressa amor? É bom? Vai edificar e transmitir graça? Uma comunicação rude, com palavras ásperas e críticas descaridosas mata o romantismo, destrói o relacionamento e afunda o casamento no profundo oceano do desespero. Muitos casais desistem do casamento porque a comunicação morreu. Onde a comunicação adoece, o casamento agoniza. Onde os cônjuges cavam mais abismos do

CASAMENTO, DIVÓRCIO E NOVO CASAMENTO

que constroem pontes, o casamento fracassa. Onde o silêncio, a mágoa, as críticas ou a indiferença substituem a comunicação saudável, o divórcio é visto como única saída para essa insalubre prisão.

Para melhorar a comunicação no casamento o marido deve procurar seguir alguns conselhos práticos e fundamentais: Primeiro, *o marido deve tratar a esposa com gentileza.* A mulher é um ser profundamente delicado. O marido deve tratá-la com carinho, afeto e ternura, demonstrando-lhe seu apreço através de palavras e gestos. A grosseria é o câncer que devora o amor. Segundo, *o marido deve ser pródigo em elogios.* Um elogio é mais eficaz do que mil palavras de crítica. O elogio pode ser feito tanto em particular como publicamente. A respeito da mulher virtuosa, a Bíblia diz: *"Seu marido a louva, dizendo: Muitas mulheres procedem virtuosamente, mas tu a todas sobrepujas"* (Provérbios 31:28,29). O livro de Cantares diz que o amor do marido concentra-se nas virtudes do cônjuge e não nos seus defeitos: *"Tu és toda formosa, querida minha, e em ti não há defeito"* (Cântico 4:7). Uma das coisas mais desastrosas para uma comunicação saudável no casamento é comparar a esposa com outra mulher. Terceiro, *o marido deve separar tempo para estar com a esposa.* A prioridade do marido deve ser a esposa. Ele não deve permitir que trabalho, amigos, esporte, ou qualquer outra atividade o afaste da pessoa mais importante da sua vida.

O papel da esposa
Submissão inteligente

John Mackay, ilustre presidente do Seminário de Princeton, disse que o trabalho predileto do diabo é esvaziar o sentido das palavras. Uma das palavras mais desgastadas dos nossos dias é

OS PAPÉIS NO CASAMENTO

submissão. Por isso, muitas mulheres sentem urticária quando ouvem falar que devem ser submissas aos seus maridos. É preciso deixar claro que submissão não implica inferioridade. A mulher não é capacho do marido. Ela não é sua criada, nem sua empregada. Ser submissa não significa ser passiva, apagada, sem direitos, sem vez e sem voz. Submissão não é se anular ou renunciar aos sonhos e projetos do coração em função do marido. No plano divino, a mulher nunca foi inferior ao homem. Ela não foi tirada dos pés para ser pisada por ele, nem da cabeça para ser comandada por ele, mas da costela, para estar ao lado dele, ser protegida por ele e ser o centro da sua afeição. Ela é a auxiliadora idônea do marido, aquela que olha nos olhos dele, de igual para igual. Não apenas a mulher é igual ao homem no plano da criação, mas também na obra da redenção. Em Cristo não há homem nem mulher. Ambos são um em Cristo Jesus (Gálatas 3:28).

A mulher não deve ser submissa ao marido da mesma forma como é submissa a Cristo. Ela deve se sujeitar ao marido por causa da sua submissão a Cristo. O senhorio de Cristo é único, singular. A submissão da mulher ao marido tem limites. Ela só deve ser submissa a ele enquanto essa submissão não comprometer sua obediência ao senhorio de Cristo (Atos 5:29).

Durante dois anos, entre 2000 e 2001, minha família e eu moramos nos Estados Unidos, onde fiz um doutorado em ministério na área de pregação no Seminário Reformado de Jackson, Mississipi. Certo dia, uma mulher telefonou-me pedindo ajuda. Seu marido, viciado em pornografia, queria reproduzir no casamento todas as práticas abomináveis que via naquelas películas imundas. O vício da pornografia é algo degradante. Ele não apenas cega a pessoa, mas também a corrompe. A pessoa viciada em pornografia perde o senso do ridículo e alimenta-se de lixo.

Aquele marido estava tentando convencer a esposa a manter relações sexuais com um amigo, mais jovem e mais atraente do que ele, e que já frequentava a casa há algum tempo. A mulher, encurralada pela pressão do marido, me disse ao telefone: "Pastor, eu estou à beira do abismo. Não sei mais o que fazer. Sinto-me um objeto, uma coisa, uma mercadoria barata e indigna. O que eu devo fazer?" Orientei-a a resistir às pressões sedutoras do marido e disse a ela que se ele não se arrependesse, ela deveria deixá-lo, pois se ela cedesse aos seus caprichos e fantasias, estaria se tornando uma verdadeira prostituta, um lixo humano, aos seus próprios olhos. Ela seguiu meu conselho. Meses depois, conversamos novamente e ela me disse que ao ser confrontado, o marido se arrependeu e pediu-lhe perdão. Se aquela mulher tivesse cedido aos desejos pervertidos do marido, ela não estaria sendo submissa, mas conivente com os abomináveis pecados do seu marido.

Submissão é ter uma missão sob a missão do marido. A mulher sábia não procura mandar no marido, não usa de artimanhas para controlá-lo nem lança mão de expedientes para manipulá-lo ou chantageá-lo. A mulher que domina o marido faz um grande mal a ele, aos filhos e a si mesma. A mulher perde o respeito pelo marido a quem domina. A mulher sábia exerce sua submissão com discernimento, alegria, eficiência e gratidão a Deus.

Submissão não é demérito nem desonra. A glória da igreja é ser submissa a Cristo. Quanto maior sua submissão a Cristo, mais gloriosa ela se torna. Submissão não é ausência de liberdade. Quanto mais a igreja é submissa a Cristo, mais livre ela é, mais feliz ela se sente. Um trem só é livre quando anda sobre os trilhos. A pessoa só é livre para dirigir seu carro quando obedece

OS PAPÉIS NO CASAMENTO

às leis de trânsito. Assim, a liberdade da mulher está em se submeter ao marido.

Edificadora prudente

A mulher sábia edifica a sua casa (Provérbios 14:1) e transforma o seu lar em um lugar aconchegante. Ela não deixa o casamento cair na rotina. Emprega sua inteligência, sensibilidade e criatividade para enriquecer o relacionamento. Na verdade, a mulher sábia é uma alavanca na vida do marido, empurrando-o sempre para a frente. Ela honra, encoraja e promove o marido. Além disso, ela é aliviadora de tensões, é bálsamo que refrigera, orvalho fresco que renova o vigor e sábia conselheira. Sua língua é remédio que traz cura. Seu amor é cheio de ternura, suas atitudes são nobres, seu caráter impoluto, sua maior beleza é sua piedade.

Provérbios 31:10-31 traça o perfil da mulher virtuosa. Essa mulher vale mais do que muitas riquezas. *"Seu valor muito excede o de finas joias"* (Provérbios 31:10). É melhor ser bem casado do que ser rico. A Bíblia diz que a casa e os bens vêm como herança dos pais, mas do Senhor a esposa prudente (Provérbios 19:14). A mulher virtuosa *tem uma relação correta com o marido.* O coração do seu marido confia nela (Provérbios 31:11). Ela é fiel, íntegra, confiável, honrada. Ela é como um bálsamo na vida do marido todos os dias da sua vida (Provérbios 31:12). Ela faz bem ao marido todos os dias da sua vida. Ela é uma pessoa estável emocionalmente, equilibrada e sábia. Ela projeta a vida do marido (Provérbios 31:23). Seu marido é estimado entre os juízes, quando se assenta com os anciãos da terra. Ela é uma alavanca na vida do marido, empurrando-o para o progresso.

A mulher virtuosa *tem uma relação correta com os filhos.* Ela é sábia conselheira. Fala com sabedoria e a instrução da bondade está na sua língua (Provérbios 31:26). Ela vê a vida sob a ótica de Deus e ensina os filhos com doçura e firmeza. A sua língua é uma fonte de bons conselhos. Fala com ternura e também com graça. Não há rancor nem insensatez nas suas palavras. Ela é também admirada pelos filhos: *"Levantam-se seus filhos e lhe chamam ditosa"* (Provérbios 31:28). Ela não tem preferência por um filho em detrimento de outros. Todos os filhos a consideram uma mulher feliz. Essa mulher farta-se da abundância da sua própria semeadura bendita.

A mulher virtuosa *tem uma correta relação com o seu lar*. Ela é uma boa dona de casa, uma administradora capaz (Provérbios 31:15). Ela é previdente (Provérbios 31:21,25b) e uma trabalhadora incansável (Provérbios 31:13,14,18,19,24,27). Ela dá assistência à sua família, mas também se importa com os de fora. Ela *"abre a mão ao aflito e ainda a estende ao necessitado"* (Provérbios 31:20).

A mulher virtuosa *tem, outrossim, uma correta relação com a sua autoimagem*. Ela cuida do seu corpo (Provérbios 31:17) e também das suas vestes (Provérbios 31:22b). Ela se mantém em boa forma e investe na sua apresentação pessoal.

Finalmente, essa mulher *tem uma correta relação com Deus*. A força e a dignidade são suas marcas distintivas (Provérbios 31:25). Ela dá mais valor à beleza interior do que à beleza exterior. *"Enganosa é a graça, e vã a formosura, mas a mulher que teme ao Senhor, essa será louvada"* (Provérbios 31:30). Essa mulher não é fútil. Sua maior glória não são os encontros sociais, as joias requintadas ou roupas caras, mas sua intimidade com Deus. Essa mulher constrói seu lar sobre fundamentos inabaláveis e recebe as recompensas do seu trabalho; suas obras a louvarão publicamente. *"Dai-lhe do fruto das suas mãos, e de público a louvarão as suas obras"* (Provérbios 31:31). Essa mulher tem tempo para

Deus, para o marido, para os filhos, para os necessitados e para si mesma. Por isso, Deus a chama de preciosa, seus filhos a chamam de ditosa e feliz, seu marido a exalta como a mulher mais virtuosa do mundo e suas obras a louvam de público.

A mulher sensata vive de acordo com o orçamento familiar. O descontrole financeiro é um grande drama para muitos casais. Gastar mais do que se ganha é uma atitude inconsequente. Gastar tudo o que se ganha é uma atitude tola. Precisamos aprender a viver dentro do orçamento, fugir do consumismo, investir naquilo que tem valor, poupar e fazer uma reserva para o futuro. Precisamos aprender a investir em ativos e não em passivos. Precisamos aprender a investir naquilo que gera riqueza e não em coisas que trarão mais despesas.

Guerreira destemida

A mulher é o sexo mais forte, embora seja o vaso mais frágil (1Pedro 3:7). Ela sempre se colocou na vanguarda do casamento como guardiã e promotora dos valores graníticos que têm sustetado a família ao longo dos séculos. Sempre lutou na frente de batalha pela salvação dos filhos. Ela é capaz de heroísmos indescritíveis. A mulher tem uma capacidade maior de suportar a dor, mais paciência para enfrentar as provas, mais determinação para perseguir os alvos, e um desprendimento maior para investir no casamento.

A mulher enxerga com os olhos do coração, julga pelo tribunal da alma e estende as mãos para agir movida pela misericórdia. A mulher tem uma capacidade imensa de ser solidária nas aflições, amiga nas dificuldades, consoladora nas tribulações, braço forte e ombro hospitaleiro nas perdas. Quando a mulher, como brava guerreira, usa todo esse arsenal para edificar seu

CASAMENTO, DIVÓRCIO E NOVO CASAMENTO

casamento e construir sua família, as dificuldades são superadas e os obstáculos vencidos, e a família é bem-aventurada.

Peter Marshal, capelão do Senado americano, em seu célebre sermão sobre o Dia das Mães, disse que elas são as guardiãs das fontes. Elas, com bravura, heroísmo, e muitas vezes, no anonimato, realizam um trabalho vital para que as fontes não se tornem poluídas e lodacentas. Se as esposas e mães abandonarem essa sacrossanta trincheira, as fontes ficarão poluídas e toda sorte de males grassará na sociedade, corrompendo os homens e destruindo a família.

Esses princípios não são mera teoria, são os sinais de Deus ao longo do caminho. Ignorá-los é problema na certa. Obedecê-los é viajar com segurança ao destino desejado. Esses princípios realmente funcionam, pois foram dados pelo Deus vivo. O mesmo Deus que criou a família a edifica, protege e lhe dará galardão.

Notas do capítulo 4

[109] **Ed Rene Kivitz.** *Vivendo com Propósito.* São Paulo, SP. Editora Mundo Cristão. 2003: p. 22.

Capítulo 5
Os cuidados com o casamento

GERALMENTE, REFLETIMOS nos outros aquilo que somos. O maior problema do casamento não é o outro, somos nós; o problema não está fora de nós, mas dentro de nós. Esse fato é ilustrado por uma sugestiva história conhecida como "A casa dos mil espelhos". Tempos atrás, em um distante e pequeno vilarejo, havia um lugar conhecido como "a casa dos mil espelhos". Um pequeno e alegre cãozinho ouviu falar desse lugar e decidiu visitá-lo. Lá chegando, saltitou feliz escada acima até a entrada da casa. Olhou através da porta de entrada com curiosidade, levantando as orelhinhas e balançando a cauda rapidamente. Para sua grande surpresa, ele avistou mil cãezinhos pequenos e alegres, todos balançando a cauda tão rapidamente quanto ele. Abriu um enorme sorriso e foi saudado também de volta com mil sorrisos. Quando saiu da casa, ele pensou: "Que lugar maravilhoso! Voltarei mais vezes aqui, sempre que puder".

Nesse mesmo vilarejo havia outro pequeno cãozinho, mas que não era tão alegre quanto o primeiro. Esse cãozinho também resolveu um dia conhecer aquela casa. Ao chegar lá, subiu lentamente as escadas e olhou através da porta. Mas o que ele viu

CASAMENTO, DIVÓRCIO E NOVO CASAMENTO

deixou-o horrorizado. Mil cãezinhos olhavam fixamente para ele, de modo hostil. Ele rosnou, mostrando os dentes, e para seu espanto os outros mil cães também rosnaram e mostraram os dentes para ele. Aquele cãozinho saiu dali rapidamente, pensando: "Que lugar horrível, nunca mais voltarei aqui."[110]

Nós somos responsáveis pelo ambiente da nossa casa. Bebemos o refluxo do nosso próprio fluxo. Colhemos o que semeamos. Alimentamo-nos dos frutos da nossa própria semeadura. Quem planta amor, colhe amor. Quem planta sorrisos, colhe sorrisos. Quem semeia amargura, colhe amargura. Quem semeia ventos, colhe tempestade. Nossas atitudes se reproduzem conforme a espécie. O segredo para um casamento feliz não está no outro, está em nós mesmos. A chave que abre o cofre da felicidade conjugal não é encontrar a pessoa certa, mas ser a pessoa certa.

É preciso tomar alguns cuidados para preservar o casamento, pois ele enfrenta muitos perigos. Vejamos alguns deles:

Cuidado com os pequenos problemas

AS MAIORES ÁRVORES DO MUNDO, as sequoias, crescem numa estreita faixa costeira no norte do Estado da Califórnia, nos Estados Unidos. Elas chegam a atingir 110 metros de altura e alguns troncos têm mais de 18 metros de circunferência, sendo cobertos por uma casca de 30 centímetros de espessura.[111] Essas árvores, consideradas como os maiores seres vivos do planeta, resistem a fortes rajadas de ventos e a indomáveis tempestades, porém, muitas delas são destruídas e caem ao chão corroídas por cupins. Esses pequenos insetos vão minando sua resistência quase inexpugnável e essas gigantescas árvores, que desafiam as alturas, tombam ao chão, completamente vencidas.

OS CUIDADOS COM O CASAMENTO

No casamento também é assim. Ele alcança as alturas excelsas dos mais sublimes propósitos divinos. É uma instituição divina, sagrada, que merece os nossos maiores encômios. É a base das demais instituições, e preexiste a todas elas. Essa sequoia plantada por Deus tem resistido às intempéries mais ruidosas dos tempos, mas muitas vezes naufraga por causa de um pequeno problema. Na verdade, não são os grandes problemas que destroem os casamentos, mas os pequenos. Quando esses *cupins* não são identificados e eliminados, eles crescem, se multiplicam e destroem o casamento por dentro, minando a sua vitalidade.

Salomão falou da necessidade de se tomar cuidado com as rapozinhas que devastam as vinhas em flor.[112] As rapozinhas são aparentemente inofensivas, mas devastam e destroem a vinha. Elas atacam não os frutos, mas as flores, que são a garantia dos frutos futuros. Elas destroem o futuro no presente. Assim também acontece no casamento. Quando os pequenos problemas não são identificados e tratados, eles comprometem a felicidade conjugal no futuro. Se destruirmos as flores hoje, não teremos frutos amanhã. Pequenos hábitos, pequenas desavenças, pequenas frustrações acumuladas ao longo dos anos sugam completamente a seiva do amor e matam a felicidade do casamento. A experiência adquirida ao longo de vinte anos de aconselhamento na área conjugal tornou-me absolutamente convencido de que os maiores problemas da família são exatamente os pequenos problemas. Por não parecerem muito ameaçadores, eles são tolerados. No começo, são como fiapos de algodão, que podemos arrebentar sem muito esforço. Mas com o tempo, esses fiapos vão se juntando e se tornam verdadeiros cabos de aço, que escravizam e oprimem.

Quando duas pessoas se casam, cada uma traz consigo sua bagagem para o casamento: são hábitos forjados na bigorna do

CASAMENTO, DIVÓRCIO E NOVO CASAMENTO

tempo, manias aprendidas na infância, gestos e atitudes incorporados pela cultura familiar, gostos e preferências que agridem e até chocam o cônjuge. Se o casal não tiver cuidado, esse excesso de bagagem pode comprometer a estabilidade do casamento. Rob Parsons usa a imagem de uma mulher maltrapilha, empurrando uma carroça cheia de quinquilharias velhas pela rua, protegendo-a como se ali levasse as coisas mais valiosas do mundo, para ilustrar como nós somos. Ele diz que essa maltrapilha somos nós, eu e você. Assim como aquela mulher, nós também carregamos nossas recordações, emoções, alegrias e estigmas. Todas as vezes que começamos um novo relacionamento, levamos tudo isso conosco. Quando duas pessoas se casam, acreditam ingenuamente que estão entrando no casamento com as mãos vazias. Na verdade, elas entram arrastando toda a bagagem do seu passado. E geralmente, é o conteúdo dessa bagagem que determinará como eles irão reagir às diversas situações da vida.[113]

O casamento exige preparo. Um ditado chinês diz que devemos manter os olhos bem abertos antes do casamento para depois fechá-los. Infelizmente muitos fazem o contrário. Embarcam no casamento sem antes se conhecerem, e depois descobrem que estão dormindo com um estranho, ou até mesmo com um inimigo.

Cuidado com a competição e com as críticas

RUBEM ALVES, educador e professor emérito da UNICAMP, ilustra bem a questão da rivalidade no casamento. Em sua crônica *Tênis e Frescobol* ele pinta um quadro sugestivo das tensões no casamento. Diz ele que existem dois tipos de casamento: o

Os cuidados com o casamento

casamento tipo tênis e o casamento tipo frescobol. O casamento tipo tênis é uma fonte de raiva e ressentimentos e geralmente termina mal. O casamento tipo frescobol é uma fonte de alegria e tem grandes chances de ter uma vida longa. Tênis é um jogo agressivo. O objetivo do jogo é derrotar o adversário, e a derrota se evidencia quando o adversário erra, isto é, não é capaz de devolver a bola. Assim, a pessoa joga para fazer o outro errar. O bom jogador é aquele que tem a exata noção do ponto fraco do seu adversário, e é justamente para esse ponto que ele vai dirigir a sua cortada. O prazer do tênis está em colocar o adversário fora do jogo, por não ter mais condições de continuar jogando. No fim, sempre vemos a alegria de um e a tristeza do outro.

Frescobol é bastante parecido com tênis: dois jogadores, duas raquetes e uma bola. Só que, para que o jogo seja bom, é preciso que nenhum dos dois perca. Se um jogador envia a bola meio torta, o outro sabe que não foi de propósito e faz o maior esforço do mundo para fazer uma boa devolução, de forma que o outro possa alcançá-la. Não há adversário nesse jogo, porque nenhum dos jogadores sai derrotado: ou os dois ganham, ou ninguém ganha. Ninguém fica feliz quando o outro erra. O erro no frescobol é um acidente lamentável, que não deveria ter acontecido. O jogador que errou pede desculpas, e o que provocou o erro se sente culpado. Mas isso não é importante, pois eles reiniciam o jogo sem nenhum problema, já que ninguém marca pontos.

Alguns casamentos são como uma partida de tênis, outros com um jogo de frescobol. No tênis, um sai ganhando e o outro perdendo. No tênis, os jogadores rivalizam entre si: quanto mais erros um deles comete, mais o outro cresce e prevalece. No frescobol é diferente. Os dois jogadores nunca jogam como rivais, mas como parceiros. Não existe vencedor nem perdedor. A vitória de um é o sucesso do outro. O casamento não deve ser

CASAMENTO, DIVÓRCIO E NOVO CASAMENTO

como um jogo de tênis, mas como um jogo de frescobol. Os côn-juges não são rivais. Eles não estão competindo entre si, eles são parceiros. O triunfo de um é a vitória do outro. As lágrimas de um são o pranto do outro. Eles entram e saem de campo juntos, colhendo os mesmos resultados.

Muitos casais substituem os votos de amor que fizeram no altar por ameaças depois do casamento. As palavras doces são trocadas por acusações ferinas. As carícias por empurrões. Os elogios por críticas amargas. Alguns parecem fazer a seguinte promessa no dia do casamento: "Eu prometo que a partir de hoje você não vai mais conseguir dormir sem *lexotan*. Eu vou arrebentar com a sua vida, acabar com a sua paz e destruir os seus sonhos. Vou matar você aos poucos". Muito embora essas palavras não sejam verbalizadas no dia do casamento, é isso que acontece na vida de muitos casais.

Marido e mulher não precisam viver brigando. Eles não estão num ringue lutando para ver quem ganha. Eles não são rivais que vivem se mordendo. Eles são uma só carne. Ferir o cônjuge é ferir a si mesmo. A Bíblia nos ensina a lutar contra o diabo. A nossa luta é contra ele e seus anjos. Se não declararmos guerra contra o diabo, vamos declarar guerra contra o nosso cônjuge.

Conta-se que certa ocasião, vários fazendeiros se reuniram para tratar de negócios e cada um levou o seu cão de estimação. No meio da reunião, os cães começaram a latir e a brigar, fazen-do tal barulho que eles não conseguiam conversar. Os fazendei-ros ficaram irritados com aquilo e tentaram apartar os animais enfurecidos, mas seus esforços foram em vão. Quando os fazen-deiros estavam a ponto de cancelar a reunião por causa da briga dos cães, um deles teve uma ideia. Saiu da reunião e voltou logo depois trazendo um gato, soltando-o no meio dos cachorros. Imediatamente eles abandonaram a briga e saíram correndo

Os cuidados com o casamento

atrás do gato. A nossa luta não é contra o sangue e a carne, mas contra os principados e potestades. Se não formos bons guerreiros, seremos as vítimas. Se não declararmos guerra contra o diabo, acabaremos brigando dentro de casa, fazendo do inimigo um aliado, e do aliado um inimigo.

A Bíblia diz que é melhor morar no deserto ou no eirado da casa do que com a mulher rixosa. Os biógrafos de Abraão Lincoln contam que a maior tragédia na vida desse grande estadista americano não foi o fato de ter sido assassinado, mas ter se casado com Mary Todd Lincoln. Ela era uma mulher ranzinza, amarga e intolerante. Muitas vezes, discutia com o presidente na frente de seus convidados, e certa vez chegou a atirar uma xícara de café quente em seu rosto. Não era sem razão que Lincoln costumava ficar reunido com seus assessores até altas horas da noite. Não que ele apreciasse essas reuniões, o grande problema era ter que voltar para casa.

Cuidado com a rotina

A **rotina é a asfixia do romantismo**. Ela estrangula, sufoca e mata os mais belos sentimentos no relacionamento conjugal. A rotina acaba aos poucos com o casamento, tornando-o monótono, insípido e sem alegria. A estagnação é uma ameaça para os casais. Até água parada dá lodo. O corpo sem exercício adoece. O casamento sem criatividade cai no marasmo. O casamento precisa ser dinâmico, romântico, vivo, cheio de desafios.

A criatividade é uma característica do ser humano. Fomos criados à imagem e semelhança de Deus. Ele é nosso sumo modelo de criatividade. Dele emana toda capacidade investigativa. Somos irrequietos por natureza e não nos acomodamos com a mesmice. Carregamos dentro do peito a necessidade de

Casamento, divórcio e novo casamento

descobrir novos meios para alcançarmos os alvos mais elevados
. O homem está sempre alçando voos mais altos. Por isso, ninguém pode colocar limites à sua potencialidade. O seu limite é o céu.

A criatividade é necessária não apenas no campo da ciência e da tecnologia, mas também nos relacionamentos. O relacionamento entre marido e mulher é um mistério. É um universo a ser descoberto e explorado. Ao mesmo tempo que marido e mulher são semelhantes, são também absolutamente diferentes. Um autor bastante conhecido ilustra essa diferença afirmando que homens e mulheres são de planetas diferentes (*Homens são de Marte, Mulheres são de Vênus*, de John Gray). A cosmovisão masculina é bastante distinta da feminina. Eles enxergam a vida através de lentes diferentes, com perspectivas diferentes. Homens e mulheres têm pensamentos diferentes, sentimentos diferentes, ações e reações diferentes diante das mesmas realidades da vida. Há uma grande quantidade de livros que exploram essa diferença (p. ex.: *Por que as mulheres choram e os homens mentem?* ou *Por que os homens fazem sexo e as mulheres fazem amor?*).

Além de serem intrinsecamente distintos, o homem e a mulher carregam também uma carga genética diferente, possuem bagagens culturais diferentes e vêm para o casamento com expectativas não poucas vezes diferentes. Daí o choque quase inevitável quando ambos se desnudam psicológica e emocionalmente. Depois da fase do encanto e do romantismo, vem a fase da realidade e do desencanto. É nessa fase que os hábitos, defeitos e manias ocultos sob o manto da superficialidade vêm à tona e por pouco não suplantam o romantismo. Alguns casais perdem o rumo nesse processo e se encavernam, perplexos e frustrados, sem esperança de que a relação possa ser aspergida

OS CUIDADOS COM O CASAMENTO

novamente pelo orvalho da felicidade. Outros casais, como detetives, começam a vascular a vida um do outro tentando descobrir as falhas e atacá-las. Longe de exercer o amor e o perdão, manejam as armas da crítica impiedosa, da acusação ferina e do desprezo implacável. Onde o amor é escasso, as mágoas se acumulam. Outros ainda, como arqueólogos matrimoniais, escavam as valas mais antigas e profundas para desenterrar o passado e trazer à tona os fósseis petrificados e cobertos pela poeira do tempo, a fim de condenar o cônjuge pelos erros do passado. Precisamos deixar o passado no seu lugar, ou seja, no passado. Revolver os acontecimentos passados reabre as feridas e provoca grande sofrimento. Precisamos nos libertar das correntes do passado através da prática curadora do perdão.

Uma das coisas que mais desgastam o casamento é a falta de entusiasmo de um dos cônjuges, ou de ambos, em investir na relação. A acomodação é mortífera. Um dos mitos do casamento é achar que, "se meu cônjuge me ama, ele não vai se sentir atraído por outra pessoa". O que está por trás dessa malfadada filosofia é a estagnação do sentimento, a paralisia do afeto e a morte da criatividade. Aqueles que pensam assim não se importam em investir na relação, nem em si mesmos, nem no cônjuge. Quando a pessoa deixa de se preocupar com a própria aparência, descuidando-se de seu corpo e vestindo-se de qualquer jeito; quando perde o estímulo para crescer intelectualmente, está assinando o atestado de óbito de seu relacionamento conjugal. Algumas mulheres têm a coragem de ir para a cama vestindo uma camiseta amarrotada, usada na campanha eleitoral passada, e ainda esperam que o marido sinta entusiasmo para a relação sexual... Uma roupa de dormir atraente é capaz de trazer grandes benefícios para o casamento. A criatividade é um dom que precisa ser exercitado.

CASAMENTO, DIVÓRCIO E NOVO CASAMENTO

Outro mito do casamento é achar que, "se meu cônjuge me ama, não vai esperar que eu mude." Somos seres a caminho da perfeição. O céu não é aqui. A mudança não é uma opção, mas uma necessidade imperativa. Precisamos nos despojar de hábitos e idiossincrasias; precisamos deixar para trás todo excesso de bagagem. Devemos adotar novos hábitos e mudar para melhor antes que seja tarde.

Certa ocasião, uma mulher procurou-me para aconselhá--la sobre um problema em seu relacionamento conjugal. Ela se queixava da falta de romantismo do marido, reclamando que ele nunca a elogiava e sequer notava quando ela colocava uma roupa nova ou mudava o penteado. Ela estava cansada de ouvir elogios de outros homens e nenhum do seu próprio marido. Até que um dia ela decidiu abrir seu coração e falar ao marido de sua frustração. Ele, irrefletidamente, argumentou: "Eu nunca vou mudar. Sempre fui assim. Eu nasci desse jeito, cresci assim e vou morrer assim. Se você sente necessidade de elogio, procure outro homem para elogiá-la". Ela ficou arrasada emocionalmente. Não era essa a resposta que esperava. Os meses se passaram, e pouco tempo depois um outro homem começou a se aproximar dela, fazendo-lhe galanteios, tecendo-lhe os mais exaltados elogios. O que o marido não era capaz de enxergar, o outro via; o que o marido não conseguia falar, o outro falou. Os elogios se multiplicaram e aos poucos ela foi cedendo aos seus galanteios. Quando o marido percebeu o que estava acontecendo ficou furioso, mas já era tarde demais.

A Bíblia descreve o lindo romance entre Isaque e Rebeca. Isaque era o único herdeiro de um pai rico. Mas era também um jovem temente a Deus, com um futuro brilhante pela frente. O próprio Deus providenciou uma esposa para ele, uma jovem forte, bonita, decidida, trabalhadora e discreta. Foi amor à primeira

Os cuidados com o casamento

vista. O casamento tinha tudo para dar certo, e por alguns anos eles viveram na mais efusiva harmonia conjugal. Mas, um dia Isaque cometeu um erro desastroso. Para salvar a sua pele, ele mentiu dizendo que Rebeca era sua irmã. Dentro do quarto ele a acariciava, mas do lado de fora dos portões negava a ela o mais íntimo e sagrado relacionamento. Assim, suas juras de amor foram desmascaradas pela sua covardia. Em vez de correr o risco necessário para assumir seu casamento, ele expôs sua mulher na vitrine dos desejos. Se Deus não tivesse interferido no caso, Isaque teria colocado sua esposa nos braços de outro homem. Seu egoísmo, sua covardia e sua fidelidade vulnerável levaram Rebeca à uma profunda decepção. O diálogo entre eles cessou. Os filhos, Jacó e Esaú, chegaram, mas em vez de unirem o casal, separaram ainda mais os dois. Isaque agarrou-se a Esaú e Rebeca tinha predileção por Jacó. A falta de sabedoria dos pais jogou um filho contra o outro, e Isaque e Rebeca chegaram à velhice sozinhos, quando o relacionamento entre eles já estava desbotado. O romantismo morreu e no lugar cresceram os espinhos da indiferença.

Cuidado com o dinheiro

ALGUNS CASAMENTOS TERMINAM pela falta de dinheiro, e outros pelo excesso. Muitos casamentos chegam ao fim porque os cônjuges não sabem lidar com as tensões que o dinheiro produz. O dinheiro não é uma coisa neutra. Ele é um espírito, ele é Mamom. O dinheiro é o deus mais adorado deste século, o maior senhor de escravos do mundo. John Charles Ryle afirma que dois terços das lutas, brigas e processos judiciais do mundo inteiro têm uma só causa: dinheiro![114]

Casamento, divórcio e novo casamento

Tanto pobres como ricos casam e se divorciam por causa de dinheiro. Famílias inteiras engalfinham-se em brigas intermináveis por causa de herança, partilha de bens e pensão dos filhos. Nessa saga, muitos matam e morrem por causa de dinheiro. Num mundo de economia globalizada, de comunidade planetária, as pessoas trabalham cada vez mais para obter os mesmos resultados. Há um empobrecimento paulatino da maioria e um enriquecimento vertiginoso de uma estreitíssima camada da população. As riquezas do mundo concentram-se cada vez mais nas mãos de poucas empresas. Tom Sine comenta que das 100 maiores economias do mundo atual, 51 são empresas. A General Motors é maior do que a Dinamarca, a Ford é maior do que a África do Sul e a Toyota é maior do que a Noruega. Uma única empresa, a Wal-Mart, é maior que 161 países.[115]

Segundo o *New York Times*, 358 bilionários hoje "controlam ativos maiores do que as rendas combinadas de países que acomodam 45% da população do mundo".[116] Só no ano 2000, Bill Gates cresceu impressionantes 400 milhões de dólares por semana.[117] Quando John Rockfeller tornou-se o primeiro bilionário do mundo, esse fato chamou a atenção do mundo inteiro. Hoje, Bill Gates granjeia um bilhão de dólares a cada vinte dias. Quando a Revista Forbes começou a publicar a lista das maiores fortunas do mundo, em 1982, havia 13 bilionários nos Estados Unidos. Em 1997, esse número pulou para 170.[118]

O dinheiro compra governos, empresas, sistemas de entretenimento e comunicação. Controla a mídia e a internet, determinando até mesmo as informações que os cidadãos podem ter acesso. Desta forma, o dinheiro é capaz de mudar as preferências dos consumidores e modificar suas convicções políticas. Tom Sine ainda diz que essa internacionalização da economia mundial tende a transferir os centros de decisão política e econômica

OS CUIDADOS COM O CASAMENTO

para longe das esferas locais.[119] Assim, as decisões do mercado de Tóquio, Nova York ou Xangai afetam decisivamente o nosso bolso, quer queiramos ou não, quer saibamos ou não. Nessa ciranda econômica, as exigências do mercado aumentam e os benefícios diminuem. A batalha para conseguir um emprego é hoje maior do que a batalha do vestibular. As pessoas saem da faculdade com o diploma na mão, mas não encontram lugar no mercado de trabalho. Cada vez mais o homem é substituído pela máquina, as empresas exigem maior especialização de seus empregados e mais pessoas disputam a chance de conseguir um lugar ao sol. Hoje, preparar-se para o futuro não é o bastante, é preciso antecipá-lo. Precisamos ter criatividade e coragem para começar algo novo. É preciso ter audácia para sonhar num tempo em que as mentes estão se tornando engessadas e dependentes do sistema.

Uma característica do nosso tempo é a necessidade de se trabalhar mais para consumir mais, pois a máquina da economia global não pode parar. Em 1998 o consumo privado e público atingiu o dobro de 1975 e seis vezes o consumo do ano de 1950.[120] Essa corrida louca acaba mudando nossos valores e criando novas necessidades, a ponto de considerarmos necessário hoje o que ontem víamos como luxo. Somos bombardeados a cada vinte e quatro horas por três mil propagandas, que tentam nos convencer a comprar os produtos oferecidos para sermos bem-sucedidos. Antes de chegar à idade escolar, a criança já foi exposta a mais de trinta mil mensagens apelativas desse comércio guloso. A mensagem final que martela em nossa mente e se fixa na retina é que o significado último da vida é comprar todas as coisas que são anunciadas. Porém, é importante destacar que o fato de consumirmos mais não nos torna mais felizes. Coisas não nos satisfazem.

CASAMENTO, DIVÓRCIO E NOVO CASAMENTO

A felicidade conjugal não depende do tamanho da casa, ou da riqueza do mobiliário, ou da quantidade de roupas no armário, ou da marca do carro da família. No filme "O Todo-poderoso" há uma cena em que Deus diz uma frase notável: "As pessoas mais felizes do mundo estão entre aquelas que chegam em casa fedendo". As pessoas que chegam em casa exaustas, suadas, sujas, depois de um dia intenso de trabalho, e se reúnem com suas famílias para repor as forças para o dia seguinte são, via de regra, as pessoas mais felizes do mundo. A felicidade não está em *ter*, mas em *ser*. Luxo não é sinônimo de felicidade. O apóstolo Paulo diz que *"aqueles que querem ficar ricos caem em tentação e cilada, e em muitas concupiscências insensatas e perniciosas, as quais afogam o homem na ruína e perdição. Porque o amor do dinheiro é raiz de todos os males; e alguns, nessa cobiça, se desviaram da fé e a si mesmos se atormentaram com muitas dores"* (1Timóteo 6:9,10). Os que caem nessa trama, rendem-se aos apelos do consumismo e se atolam em dívidas. Assim, o espírito consumista pode ser definido como a necessidade imperativa de comprar o que não precisamos, com o dinheiro que não temos, para impressionar as pessoas que não conhecemos.

Mas a economia globalizada não quer apenas mais do nosso dinheiro, quer também mais do nosso tempo. Em 1977 apenas um terço das famílias dispunha de duas rendas. Hoje mais de dois terços das famílias precisam de duas rendas para atender as mesmas demandas. Além disso, hoje, muitas pessoas precisam ter mais de um emprego para poder atender as necessidades cada vez mais exigentes da família. Essa maratona afasta os cônjuges um do outro e dos filhos. O fortalecimento do sistema financeiro exige o sacrifício, ou até mesmo a morte da família. A casa está se tornando cada vez mais um lugar impessoal. Vão

OS CUIDADOS COM O CASAMENTO

longe os dias em que os membros da família podiam se reunir para conversar ao redor da mesa, durante o almoço ou jantar. O lar está se transformando num albergue, onde cada um cuida de seus próprios interesses.

Certa feita, um casal à beira do divórcio procurou-me para aconselhamento. Durante nossa conversa, o marido mencionou que seu horário de trabalho era das seis às dezessete horas, e o de sua esposa das dezoito às vinte e três horas. Esse casal simplesmente não se encontrava! Nunca sentavam para conversar. O cheiro que eles sentiam durante o dia não era um do outro. A imagem que eles guardavam na mente não era um do outro. Depois de vinte anos, a única coisa que lhes restava em comum era uma aridez sentimental e uma cama onde não havia nem harmonia nem romantismo. O sistema estrangulou aquela relação. Além de se afastarem um do outro cada vez mais, eles perderam também os filhos.

Muitos casais valorizam mais o dinheiro do que os relacionamentos. Esse é um erro fatal. Muitos pais, no afã de construir uma situação financeira estável e deixar uma boa herança, acabam perdendo os filhos. A maior riqueza que os filhos podem ter na vida são os próprios pais. Presentes não substituem a presença dos pais. Na verdade, nenhum sucesso compensa o fracasso do casamento e da família.

Família sábia é aquela que planeja o orçamento familiar, que não gasta mais do que ganha nem gasta tudo que ganha. A ostentação é uma consumada tolice. Viver de aparências é uma hipocrisia intolerável. A Bíblia conta a história de Nabal, um homem que dava banquetes reais sem ser rei, que gostava de impressionar as pessoas com festas pomposas para massagear o seu próprio ego doentio. Seu fim foi trágico e sua memória abandonada ao esquecimento (1Samuel 25:2-38).

É preciso poupar, evitar comprar a crédito, fugir dos juros e dos agiotas. É preciso cortar gastos desnecessários e supérfluos. É preciso trabalhar com afinco e ter metas de crescimento. É preciso entender que o dinheiro é uma semente e que Deus mesmo é quem nos dá força para adquirirmos riquezas. Devemos ser fiéis a Deus nos dízimos e ofertas e generosos para com os necessitados. Quando semeamos com abundância, colhemos com fartura. Aquele que dá ao pobre, a Deus empresta. Precisamos oferecer a Deus as primícias, cuidar de nossa família, dos irmãos na fé e fazer o bem a todos, inclusive aos nossos próprios inimigos. O dinheiro deve ser usado para nos servir, e não nós para servirmos ao dinheiro. Ele é um bom servo, mas um patrão carrasco. A prioridade da família é adorar a Deus, amar as pessoas e usar as coisas.

Cuidado com o ciúme

O CIÚME TEM DESTRUÍDO muitos casamentos e levado muitos casais feridos às barras dos tribunais para o divórcio. O ciúme é mais do que um sentimento, é uma doença, e essa doença pode ser fatal. Os jornais estão encharcados de sangue dos crimes passionais. A pessoa dominada pelo ciúme apresenta basicamente três sintomas: vê o que não existe, aumenta o que existe e procura o que não quer achar.

Em primeiro lugar, *a pessoa ciumenta vê o que não existe*. Uma pessoa ciumenta não consegue distinguir entre fantasia e realidade. Sua imaginação fabrica o fato, dando a ele contornos de lugar, espaço, tamanho, cor e cheiro, de forma tal que sua fantasia atravessa a linha divisória que separa o real do irreal. A partir daí, a fantasia veste-se com as roupagens da realidade e a pessoa começa a sofrer como se aquilo que imaginou fosse

Os cuidados com o casamento

realidade. A pessoa ciumenta é capaz de imaginar uma situação de infidelidade do cônjuge, *visualizar* a pessoa envolvida e sofrer como se de fato as coisas estivessem acontecendo. Em segundo lugar, *a pessoa ciumenta aumenta o que existe*. A pessoa picada pelo veneno do ciúme transforma um montículo, uma casa de cupim, num Monte Everest. O ciumento usa sempre uma lupa de aumento. Ele sempre vê as coisas superdimensionadas, sempre enxerga além dos limites e sempre vê mais do que existe. Por isso, a pessoa ciumenta é uma criadora de problemas no casamento. Ela multiplica a potencialidade da crise e acaba atiçando e incentivando a pessoa a buscar o objeto do seu próprio medo.

A pessoa ciumenta em geral é insegura, tem baixa autoestima e sofre de um esmagador complexo de inferioridade. Ela se sente indigna de ser amada, por isso duvida do amor do cônjuge e suspeita de sua fidelidade. Qualquer gesto de simpatia para com alguém do sexo oposto é visto como um flerte e uma ameaça de perder o cônjuge. Isso faz com que a pessoa se esforce em monitorar o cônjuge e mantê-lo no cabresto, vigiando-o, controlando-o e investigando seus passos. Esse rastreamento sufoca o cônjuge e destrói a relação. Ninguém aguenta ser controlado. Ninguém é feliz vivendo no cabresto. O casamento não pode ser uma jaula asfixiante. A pessoa que tenta afastar o cônjuge dos familiares, dos amigos e dos demais, mantendo-o no cativeiro de um amor centralizador, é uma tola. A fidelidade conjugal não depende do controle, mas da espontaneidade do amor. A cobrança doentia não gera fidelidade, ao contrário, desperta no outro aquilo que a pessoa mais teme: a fuga do cônjuge para os braços de outra pessoa.

Em terceiro lugar, *a pessoa ciumenta procura o que não quer achar*. A pessoa ciumenta tem a mania de vasculhar as roupas, a

CASAMENTO, DIVÓRCIO E NOVO CASAMENTO

carteira, o telefone celular do cônjuge na tentativa de encontrar o que, no fundo, não quer achar. Essa é uma busca inglória, uma investigação doentia, uma atitude humilhante. O ciúme ataca o casamento em seu próprio alicerce, solapando a confiança. Um casamento sem confiança transforma-se numa arena de brigas, num picadeiro de acusações ferinas, num calabouço de tortura mental, no quintal do próprio inferno. Sem um compromisso mútuo de fidelidade não há casamento. O mais terrível no ciúme é que ele transforma a fantasia em realidade, superdimensiona essa realidade e passa a procurá-la desesperadamente, até encontrar *provas* que confirmem suas suspeitas. Assim, o ciúme destrói a capacidade do diálogo, compromete a transparência e joga o relacionamento no esgoto das brigas mais execrandas.

Cuidado com a comunicação

A FALTA DE COMUNICAÇÃO é o problema número um no relacionamento conjugal. Na era da globalização da comunicação, da cibernética, da internet, assistimos à morte da comunicação dentro da família. As pessoas têm erguido muralhas à sua volta em vez de construir pontes entre elas. Há casais que se comunicam via e-mail porque já não sabem mais conversar. Há famílias onde as pessoas se comunicam pelo telefone celular dentro de casa, porque cada um vive encastelado dentro do seu quarto.

A comunicação é o oxigênio que mantém vivo o casamento. Ele pode sobreviver ou morrer, dependendo da maneira como os cônjuges se comunicam. "*A morte e a vida estão no poder da língua; o que bem a utiliza come do seu fruto*" (Provérbios 18:21). Uma antiga lenda conta que certa vez, um jovem propôs um enigma para um velho sábio de sua aldeia. Aquele ancião tinha respostas inteligentes e prontas para todas as questões que

Os cuidados com o casamento

lhe eram apresentadas. O jovem, com sua sagacidade, achou que poderia colocar o legendário velho numa verdadeira enrascada. Chegou então diante dele e disse: "Eu tenho em minhas mãos um pássaro. Ele está vivo ou morto?" A mente do jovem já havia fabricado o argumento irresistível. Se o velho dissesse que o pássaro estava morto, ele abriria a mão e o pássaro sairia voando. Se dissesse que estava vivo, ele apertaria o pássaro na mão até matá--lo. De qualquer forma o velho estaria em apuros. Mas, para sua surpresa, o velho olhou-o e disse: "Jovem, o pássaro que está em suas mãos tanto pode estar vivo como morto, depende de você." Assim é o casamento, ele pode viver ou morrer, só depende de você, da maneira como você se comunica com o seu cônjuge. A língua detém o poder de vida e de morte.

A Palavra de Deus tem a receita para a comunicação saudável: *"... todo homem, pois, seja pronto para ouvir, tardio para falar, tardio para se irar"* (Tiago 1:19). Em primeiro lugar, *é preciso estar pronto para ouvir*. Todos nós precisamos de alguém que nos ouça. Vivemos num mundo cada vez mais impessoal, onde ninguém tem tempo para ouvir o que o outro tem a dizer. Esse é um dos motivos que faz com que os consultórios dos psicólogos vivam lotados.

A pessoa pronta a ouvir os outros valoriza mais as pessoas do que as coisas. A palavra *pronto* vem da palavra grega *taxis,* de onde surgiu a palavra *táxi.* Táxi é um carro de prestação de serviço, que está à disposição de quem precisa ir a algum lugar. Deus criou o homem com predisposição para ouvir, por isso colocou nele duas conchas acústicas externas e apenas uma língua, amuralhada de dentes. O segredo da comunicação é estar pronto a ouvir.

Em segundo lugar, *é preciso ser tardio para falar.* Falar na hora errada, com a entonação de voz errada, com a motivação errada

Casamento, divórcio e novo casamento

é um desastre. A língua tem o poder de dirigir, ela é comparada a um freio e ao leme de um navio (Tiago 2:1-4). Ela pode dar direção para o bem ou para o mal. Ela pode guiar-nos pelas veredas planas ou jogar-nos nos despenhadeiros da existência. Pode nos conduzir pelos mares plácidos ou nos lançar nos rochedos da morte. Ela também tem o poder de destruir, sendo comparável ao fogo que destrói e se alastra, a uma fera indomável e a um veneno mortífero (Tiago 3:5-8). Mas a língua também tem o poder de deleitar. Ela é como uma árvore e como uma fonte. Da árvore podemos comer frutos deliciosos e da fonte podemos sorver a água refrescante (Tiago 3:9-12).

Muitas vezes falhamos não por causa das nossas palavras, mas pela forma como falamos as palavras. A maneira como falamos é tão importante como aquilo que falamos. Às vezes agredimos ou humilhamos as pessoas apenas pelo tom da nossa voz. Aquele que domina a sua língua é perfeito varão e o que domina a si mesmo mais forte do que quem conquista uma cidade. Raramente nos arrependemos do que deixamos de falar, mas frequentemente lamentamos o que falamos. Se falar é prata, o silêncio é ouro. Só devemos abrir a boca se o que temos a dizer é mais importante do que o silêncio.

A palavra *tardio* na língua grega significa lento, lerdo, obtuso de entendimento. É como a pessoa que só ri da piada quando chega em casa. Devemos contar até dez ou morder a língua antes de falar qualquer coisa. A palavra depois que foi dita não pode mais ser engolida. Muitas vezes, as palavras têm um efeito devastador e irreversível. É como espalhar um saco de penas do alto de uma montanha e depois querer recolhê-las de volta. É simplesmente impossível.

Em terceiro lugar, *é preciso ser tardio para se irar*. A ira é a maneira como reagimos contra tudo aquilo que é mal. Podemos

OS CUIDADOS COM O CASAMENTO

irar sem pecar. Mas, quando a ira sai dos trilhos, torna-se uma máquina mortífera, uma avalanche incontrolável. Há duas maneiras erradas de se lidar com a ira: uma delas *é a explosão da ira*. Muitas pessoas são como metralhadoras giratórias, atiram para todo lado sem piedade. Outras são minas enterradas no solo, ao sinal do primeiro toque explodem e lançam seus estilhaços em quem estiver por perto. As pessoas que reagem assim tentam se defender dizendo que não têm sangue de barata e que não levam desaforo para casa. Pessoas explosivas certamente não vivem sob o controle do Espírito e por isso a inclinação delas é para a morte. A outra maneira errada de lidar com a ira *é interiorizá-la*. As pessoas que interiorizam a ira são como um vulcão, aparentemente estão calmas, mas por dentro estão fervendo. Elas não explodem imediatamente, mas vão armazenando a ira até que um dia toda essa raiva acumulada acaba vazando, provocando uma verdadeira inundação e trazendo grandes tragédias para o relacionamento familiar.

O mundo empresarial investe na comunicação. A inteligência emocional é mais valorizada atualmente que a inteligência mental. Saber se relacionar é mais importante do que ter um bom desempenho operacional. Isso também vale para a comunicação familiar. O lar deve ser o melhor lugar para se viver. Encorajamento é uma necessidade vital que precisamos encontrar no casamento. É mais fácil conquistar alguém com uma palavra de elogio do que com mil palavras de crítica. Apanha-se mais moscas com uma gota de mel do que com um barril de fel. Nossa língua precisa ser instrumento de vida e não veículo de morte, medicina para a alma e não veneno mortal.

CASAMENTO, DIVÓRCIO E NOVO CASAMENTO

Notas do capítulo 5

[110] **Alexandre Rangel.** *As Mais Belas Parábolas de Todos os Tempos.* Belo Horizonte, MG. Editora Leitura. 2002: p. 271.

[111] **J. I. Packer.** *Entre os Gigantes de Deus.* São José dos Campos, SP. Editora Fiel. 1996: p. 7.

[112] **Cantares** 2:15.

[113] **Rob Parsons.** *60 Minutos para Renovar seu Casamento.* Belo Horizonte, MG. Editora Betânia. 2002: p. 51-52.

[114] **Citado por John Blanchard.** *Pérolas para a Vida.* São Paulo, SP. Edições Vida Nova. 1993: p. 120.

[115] **Tom Sine.** *O Lado Oculto da Globalização.* São Paulo, SP. Editora Mundo Cristão. 2001: p. 104.

[116] **New York Times.** 15 de Julho de 1996: p. A3.

[117] **Tom Sine.** *Op. Cit.* 2001: p. 141.

[118] **Forbes.** 13 de Outubro de 1977: p. 148.

[119] **Tom Sine.** *Op. Cit.* 2001: p. 110.

[120] **Tom Sine.** *Op. Cit.* 2001: p. 114-15.

Capítulo 6
O divórcio:
A dissolução do casamento

O CASAMENTO, como já dissemos, foi a primeira instituição divina. Ele preexiste ao Estado e à Igreja. Contudo,
ao longo dos séculos, essa vetusta instituição vem sendo bastante atacada. Nestes tempos pós-modernos, os próprios
alicerces do casamento estão sendo abalados. A geração atual
não aceita mais absolutos. Os valores de Deus são desprezados.
Os marcos antigos foram arrancados e cada um vive à mercê de
suas próprias ideias. Neste mundo plural, pós-moderno e pós-
-cristão, prevalece a privatização dos conceitos e valores. Cada
um estabelece para si mesmo o que é certo e o que é errado.
Não existe mais o conceito de uma lei absoluta e universal que
rege a conduta e o comportamento. Com isso, a instituição do
casamento é desprezada e o concubinato legitimado; os vínculos conjugais afrouxados para se estimular o divórcio; a verdade relativizada para justificar as atitudes egoístas. Na verdade, a
geração atual espera mais do casamento do que as gerações an-
teriores, mas o respeita menos. Os vestidos de noiva estão cada
vez mais brancos e os véus cada vez mais longos, mas a fidelidade aos votos sagrados do casamento está cada vez mais fraca.

CASAMENTO, DIVÓRCIO E NOVO CASAMENTO

Organizar uma cerimônia de casamento está cada vez mais fácil, mas manter o casamento cada vez mais difícil.

Muitas são as causas das crises no casamento: infidelidade conjugal, descumprimento dos papéis de cada um dos cônjuges dentro do casamento, imaturidade, falta de preparo para o próprio casamento, problemas financeiros, frieza e agressividade verbal e/ou física.

Várias são as causas que contribuem para o espantoso crescimento do número de divórcios: infidelidade conjugal, ausência de diálogo, emancipação da mulher, mudança do padrão profissional (agora, marido e mulher trabalham fora), desemprego, arrocho financeiro, facilidades legais para o divórcio, declínio da fé cristã, falta de compreensão da santidade e permanência do casamento, apologia do divórcio. Muitos consideram o casamento heterossexual, monogâmico, monossomático e indissolúvel uma instituição arcaica, rígida, obsoleta, opressiva, decadente e vitoriana. Outros dão uma nova versão ao casamento, esvaziando-o do seu conteúdo de aliança e eliminando o compromisso de união até a morte.

Muitos casamentos sobrevivem a despeito da crise; outros, sucumbem durante a crise. O divórcio é uma dramática realidade na sociedade contemporânea. Em alguns países, 50% dos casamentos terminam em divórcio. Não podemos fechar os olhos a essa triste realidade.

Quando os fariseus perguntaram a Jesus sobre divórcio, a intenção deles era colocá-lo numa situação difícil. Talvez esperassem que Jesus falasse do divórcio de um modo ofensivo a Herodes e Herodias (Mateus 14:3). O lugar onde se encontravam não era distante de Maqueros, local onde João Batista havia sido preso e decapitado por denunciar o ilícito casamento do rei Herodes com Herodias. A oposição dos fariseus a Jesus era

O DIVÓRCIO: A DISSOLUÇÃO DO CASAMENTO

intermitente.[121] Os fariseus desejavam enredar Jesus no surrado debate Shammai-Hillel. Jesus, obviamente, dissociou-se da frouxidão do Rabi Hillel, porém não entrou no jogo estéril de uma discussão inútil. Em vez de criar conflito, ele aproveitou o momento para reafirmar algumas verdades fundamentais sobre o casamento.

Primeiro, *Jesus endossou a estabilidade do casamento*. Os laços matrimoniais são mais do que um contrato humano: são um jugo divino. Segundo, *Jesus declarou que a provisão mosaica do divórcio era uma concessão temporária ao pecado humano*. O que os fariseus denominavam "mandamento" Jesus chamava de "permissão", e permissão relutante, devido à obstinação humana, e não à intenção divina. O erro dos fariseus estava em ignorar a diferença entre a vontade absoluta de Deus (o casamento) e a provisão legal à pecaminosidade humana (o divórcio). Terceiro, *Jesus chamou de adultério o segundo casamento depois do divórcio, caso este não tivesse uma base sancionada por Deus*. Se ocorrer um divórcio seguido por um novo casamento sem a sanção de Deus, então essa união é adúltera. Quarto, *Jesus permitiu o divórcio e o segundo casamento sob a condição única da imoralidade*. A imoralidade é a única cláusula de exceção estabelecida por Jesus.[122]

O ensino de Jesus sobre este magno assunto é absolutamente claro e necessário para nortear a nossa geração. Quando a artimanha dos fariseus, revelada por uma pergunta capciosa sobre o divórcio, foi desmantelada pela resposta de Jesus, elucidando que o casamento foi criado por Deus, mas o divórcio resulta da dureza do coração humano, eles contra-atacaram com outra pergunta sutil: "*Replicaram-lhe: Por que mandou, então, Moisés dar carta de divórcio e repudiar?*"[123] Longe de embaraçar Jesus,

CASAMENTO, DIVÓRCIO E NOVO CASAMENTO

esta segunda pergunta dos fariseus deu a ele a oportunidade de falar sobre o divórcio:

> Respondeu-lhes Jesus: Por causa da dureza do vosso coração é que Moisés vos permitiu repudiar vossa mulher; entretanto, não foi assim desde o princípio. Eu, porém, vos digo: quem repudiar sua mulher, não sendo por causa de relações sexuais ilícitas, e casar com outra comete adultério [e o que casar com a repudiada comete adultério].[124]

A partir deste texto, podemos tirar algumas conclusões sobre a posição de Jesus em relação ao divórcio. É o que veremos a seguir.

O divórcio não é compulsório

O CASAMENTO FOI INSTITUÍDO por Deus, o divórcio não. O casamento é ordenado por Deus, o divórcio não. O casamento agrada a Deus, o divórcio não, ao contrário, Deus odeia o divórcio. Deus permite o divórcio, mas jamais o ordena. Ele jamais foi o ideal de Deus para a família.

A pergunta dos fariseus: *"... porque mandou, então, Moisés dar carta de divórcio e repudiar?"*[125] revela o uso equivocado que os judeus faziam do texto do capítulo 24 de Deuteronômio nos dias de Jesus. O que Moisés disse sobre o divórcio?

> Se um homem tomar uma mulher e se casar com ela, e se ela não for agradável aos seus olhos, por ter ele achado cousa indecente nela, e se ele lhe lavrar um termo de divórcio, e lho der na mão, e a despedir de casa; e se ela, saindo de sua casa, for e se casar com outro homem; e se este a aborrecer, e lhe lavrar termo de divórcio, e lho der na mão, e a despedir da sua casa ou se este último homem, que a tomou para si

O DIVÓRCIO: A DISSOLUÇÃO DO CASAMENTO

por mulher, vier a morrer, então, seu primeiro marido, que a despediu, não poderá tornar a desposá-la para que seja sua mulher, depois que foi contaminada, pois é abominação perante o Senhor; assim, não farás pecar a terra que o Senhor, teu Deus, te dá por herança.[126]

É importante dizer que não foi Moisés quem instituiu o divórcio. Ele já existia antes de Moisés. No início da história as famílias precisavam ser numerosas para suprir duas carências: mão-de-obra para a lavoura e soldados para as guerras. A supervalorização do macho deu origem à filosofia machista, e de acordo com esse pensamento, a mulher servia apenas para reprodução. Assim, quando a esposa era estéril, para que o homem não ficasse sem herdeiros, foram criadas formas alternativas de convivência conjugal como o concubinato, a poligamia e o divórcio. O primeiro caso de bigamia está registrado em Gênesis 4:19-24. Abraão lançou mão do concubinato por sugestão de Sara, sua mulher, que era estéril (Gênesis 16:1-4). Jacó teve esposas e concubinas (Gênesis 29:18-30). É nesse contexto social de machismo, bigamia, poligamia e concubinato que surge o divórcio.

Os códigos mais antigos da humanidade já configuravam o divórcio como uma instituição social inquestionável. O código de Hamurabi (1792-1750 a.C.) legislou claramente sobre o divórcio:

a) Artigo 128 – O casamento sem contrato escrito é considerado nulo de pleno direito;

b) Artigo 134 – Admite o divórcio para a mulher de um prisioneiro que não tiver renda suficiente para garantir sua sobrevivência;

Casamento, divórcio e novo casamento

c) Artigo 136 – Admite o divórcio para a mulher de um foragido;

d) Artigos 137 e 140 – Admitem o divórcio por qualquer motivo, desde que sejam respeitados os direitos de dote e herança;

e) Artigo 141 – Dá ao marido o direito de se divorciar de uma mulher de má índole para casar com outra;

f) Artigo 142 – Dá à mulher o direito de se divorciar de um marido relaxado, impotente, irresponsável ou desonesto;

g) Artigos 144 e 147 – Tratam do concubinato;

h) Artigo 148 – Permite que o marido se case com outra mulher se a primeira for acometida de doença incurável, mas ele fica obrigado a cuidar dela.

Abraão foi herdeiro da cultura semítica. Essa cultura teve influência sobre Abraão, sobre seus filhos, sobre os hebreus que foram para o Egito, chegando até Moisés. Moisés foi educado em toda a sabedoria do Egito (Atos 7:22) e tinha clara noção da cultura siro-babilônica. Assim, Moisés não foi o primeiro legislador a tratar do divórcio. Ele não ordenou o divórcio, apenas permitiu o seu uso, mas não por qualquer motivo.

O ensino de Moisés sobre divórcio em Deuteronômio 24:1-4 revela três pontos básicos: primeiro, o divórcio foi permitido com o objetivo de proibir o homem de tornar a se casar com a primeira esposa, depois de ter se divorciado dela. O propósito da lei era proteger a mulher das artimanhas de um esposo imprevisível e talvez cruel. Desta forma, a lei não foi estabelecida para estimular o divórcio. Segundo, o marido tinha permissão de se divorciar no caso de achar na esposa alguma coisa indecente.

O DIVÓRCIO: A DISSOLUÇÃO DO CASAMENTO

Por último, se o divórcio era permitido, o segundo casamento também era. Todas as culturas do mundo antigo entendiam que o divórcio trazia consigo a permissão de um novo casamento.[127] Os fariseus interpretavam equivocadamente a lei de Moisés sobre o divórcio; eles a entendiam como um mandamento, enquanto Cristo considerou-a uma permissão, uma tolerância. Moisés não ordenou o divórcio, ele permitiu. É de suma importância entender pelo menos três ensinos fundamentais de Jesus sobre esse magno assunto, em sua resposta aos fariseus. O primeiro ensino é que há uma absoluta diferença entre ordenança (*eneteilato*) e permissão (*epetrepsen*). John Murray em seu precioso livro *Divorce* é enfático em reafirmar essa incontroversa interpretação de Jesus: divórcio não é uma ordenança e sim uma permissão.[128] Jesus, como supremo e infalível intérprete das Escrituras, explicou o verdadeiro significado de Deuteronômio 24:1-4. Deus instituiu o casamento, não o divórcio. Deus não é o autor do divórcio; o homem é responsável por ele. Walter Kaiser diz que diferentemente do casamento, o divórcio é uma instituição humana. Não obstante o divórcio ser reconhecido, permitido e regulamentado na Bíblia,[129] ele não foi instituído por Deus.[130] Jay Adams diz que o divórcio é uma inovação humana.[131]

Edward Dobson afirma que a permissão para o divórcio presente na lei mosaica era para proteger a esposa de um marido mau e não uma autorização para ele se divorciar dela por qualquer motivo.[132] O conceituado intérprete das Escrituras, Adam Clarke, entende que Moisés percebeu que se o divórcio não fosse permitido em alguns casos, as mulheres poderiam ser expostas a grandes dificuldades e sofrimentos pela crueldade de seus maridos.[133] R. Yaron oferece a seguinte interpretação sobre esse importante assunto:

Casamento, divórcio e novo casamento

> A proibição expressa em Deuteronômio 24:4 tem como objetivo a proteção do segundo casamento. Logo que a mulher divorciada se casava com outro homem, instalava-se a possibilidade de tensão dentro do "triângulo" que se formava. O primeiro marido podia esperar ter a esposa de volta ao demonstrar arrependimento por tê-la despedido. A esposa podia, assim, comparar os dois e rejeitar o segundo, voltando para o primeiro e desfazendo, assim, os vínculos do segundo casamento.[134]

O divórcio jamais deve ser encarado como uma ordenança divina ou uma opção moralmente neutra. Ele é uma evidência clara de pecado, o pecado da dureza de coração, diz D. A. Carson.[135] João Calvino interpreta corretamente quando diz que Jesus Cristo desarmou a falsidade dos fariseus, revelando que Moisés permitiu o divórcio por causa da obstinação do coração do homem e não em virtude de sua aprovação como algo bom, recomendável pela lei.[136]

O segundo ensino de Jesus sobre Deuteronômio 24:1-4 refere-se ao significado da expressão "cousa indecente nela" traduzida do hebraico *erwath dabar*. Essa expressão teve várias traduções, incluindo "alguma cousa indecente", "alguma cousa vergonhosa", "alguma indecência", etc. Literalmente, essas duas palavras hebraicas significam "alguma questão de nudez".[137] A maioria dos intérpretes concorda com John Murray quando diz: "Não há evidências de que *erwath dabar* se refira ao adultério ou a algum ato de impureza sexual... podemos concluir que *erwath dabar* significa alguma atitude indecente ou comportamento inadequado".[138] Murray argumenta que o termo *erwath dabar* não pode significar adultério pelas seguintes razões:

O DIVÓRCIO: A DISSOLUÇÃO DO CASAMENTO

1. O Pentateuco prescrevia a pena de morte para o adultério (Levítico. 20:10; Deuteronômio 22:22-27).

2. Números 5:11-31 trata do caso de suspeita não provada do adultério da esposa e de como o marido devia agir, caso o espírito de ciúmes viesse sobre ele. Assim, a questão de Deuteronômio 24:1-4 trata de outra coisa.

3. Deuteronômio 22:13-21 também menciona o caso de uma mulher acusada injustamente de prévia promiscuidade sexual, mas que apresentou provas de sua inocência. Assim, esse certamente não é o caso tratado em Deuteronônio 24.

4. Deuteronômio 22:23,24 trata do caso de uma noiva virgem, comprometida, que se deitou com outro homem. A sanção para ambos era o apedrejamento.

5. A expressão "cousa indecente" de Deuteronômio 24:1 também não pode se referir ao caso retratado em Deuteronômio 22:25-27, onde a moça foi forçada sexualmente. Nesse caso, só o homem deveria ser morto.

6. A expressão "cousa indecente" também não se refere ao sexo pré-marital entre um homem e uma mulher ainda não comprometidos. Nesse caso, o homem era obrigado a se casar com ela, sem direito ao divórcio (Deuteronômio 22:28,29).[139]

É importante observar que a lei de Moisés prescrevia a pena de morte para todos aqueles que cometiam adultério.[140] Os próprios inimigos de Jesus, os escribas e fariseus, apelaram para essa lei quando tentaram Jesus, jogando aos seus pés uma mulher apanhada em flagrante adultério e exigindo dele uma posição.[141] Warren Wiersbe comenta que a experiência de José, desposado com Maria,[142] indica que os judeus usavam o divórcio em vez do apedrejamento para tratar a esposa adúltera.[143] Quando José descobriu que Maria, sua mulher ainda não desposada, estava

107

CASAMENTO, DIVÓRCIO E NOVO CASAMENTO

grávida, não sabendo ainda que ela estava grávida por obra do Espírito Santo, resolveu deixá-la secretamente. Sua deserção era o mesmo que divorciar-se dela. Em vez de exigir o apedrejamento de Maria, José usou o expediente do divórcio. A penalidade de morte estabelecida no Antigo Testamento foi substituída pelo divórcio no Novo Testamento. Isso é o que ensina Jesus:

> Também foi dito: aquele que repudiar sua mulher, dê-lhe carta de divórcio. Eu, porém, vos digo: qualquer que repudiar sua mulher, exceto em caso de relações sexuais ilícitas, a expõe a tornar-se adúltera; e aquele que casar com a repudiada comete adultério.[144]

John Murray afirma que implicitamente Jesus revogou a pena de morte para o adultério e legitimou o divórcio nesse caso.[145]

Portanto, é crucial entender o significado da expressão "cousa indecente" em Deuteronômio 24:1 para interpretar corretamente as palavras de Moisés. John Murray ainda esclarece:

A frase *erwath dabar*, quando interpretada dentro do contexto do Antigo Testamento, seguramente refere-se a alguma coisa vergonhosa. Apesar de a expressão *erwath dabar* só aparecer mais uma vez no Antigo Testamento (Deuteronômio 23:14), a palavra *erwath* é usada frequentemente no sentido de vergonhosa exposição do corpo humano (Gênesis 9:22,23; Êxodo 20:26; Lm 1:8; Ezequiel 16:36,37). Além disso, essa palavra é frequentemente usada para indicar um intercurso sexual ilícito (Levítico 18), muito embora não haja evidência de que a frase *erwath dabar* tenha esse significado em Deuteronômio 24:1.[146]

A interpretação da expressão "cousa indecente" foi a causa da divisão entre as duas escolas rabínicas, do Rabi Hillel e do Rabi Shammai, judeus eruditos do primeiro século. Hillel defendia

O DIVÓRCIO: A DISSOLUÇÃO DO CASAMENTO

uma posição liberal e dizia que o marido podia divorciar-se de sua esposa por praticamente qualquer motivo, enquanto que Shammai defendia uma posição restrita e radical, dizendo que Moisés referia-se especificamente ao pecado sexual.[147] A escola de Shammai enfatizava a palavra "indecente", interpretando-a como adultério, fazendo com que este fosse o único fundamento para o divórcio. A escola de Hillel, por sua vez, usava como base de sua exegese a palavra "cousa", buscando assim uma saída para justificar qualquer cousa como base para o divórcio. De acordo com a escola de Hillel, "cousa" poderia ser interpretada como a esposa deixar queimar a comida ou fazer o marido comer algo que ele não apreciava, assim como o marido se interessar por outra mulher.[148] John Murray diz que para interpretar corretamente o significado da expressão "cousa indecente" em Deuteronômio 24:1, é preciso buscar um equilíbrio entre a rígida interpretação da escola de Shammai e a permissiva interpretação da escola de Hillel.[149]

O terceiro ensino de Jesus sobre o divórcio diz respeito à dureza dos corações.[150] O divórcio acontece porque os corações não são sensíveis. O divórcio é resultado de corações endurecidos. O divórcio só floresce no deserto árido da insensibilidade e da falta de perdão. O divórcio é uma atitude de desobediência aos imutáveis princípios de Deus. Ele é uma conspiração contra a lei de Deus. O divórcio é consequência do pecado e não expressão da vontade de Deus. Deus odeia o divórcio, como diz o profeta Malaquias: *"Porque o Senhor, Deus de Israel, diz que odeia o repúdio..."*.[151] O divórcio é uma profanação da aliança feita entre o homem e a mulher da sua mocidade, uma deslealdade, uma falta de bom senso, um ato de infidelidade (Malaquias 2:10-16). Divórcio é a negação dos votos de amor, compromisso e fidelidade. Ele é uma apostasia do amor.

CASAMENTO, DIVÓRCIO E NOVO CASAMENTO

A dureza de coração é manifesta na indisposição de obedecer a Deus e de perdoar um ao outro. Onde não há perdão não há casamento. Onde a porta se fecha para o perdão, abre-se uma avenida para a amargura, e o destino final dessa viagem é o divórcio. O divórcio acontece não por determinação divina, mas por causa da dureza dos corações. Divórcio não é uma ordenança divina. Ele não é compulsório nem mesmo nos casos de adultério. O perdão e a restauração são sempre preferíveis ao divórcio.

O divórcio é permitido

O DIVÓRCIO NÃO É O IDEAL de Deus para o homem e a mulher. Deus não o instituiu. Na verdade, ele odeia o divórcio, diz o profeta Malaquias.[152] Jesus disse que Deus permitiu o divórcio, mas jamais o estabeleceu como fruto da sua vontade: *"Respondeu-lhes Jesus: Por causa da dureza do vosso coração é que Moisés permitiu repudiar vossa mulher; entretanto, não foi assim desde o princípio".*[153] Deus criou o homem e a mulher, instituiu o casamento e abençoou-os, estabelecendo o propósito de que ambos guardassem seus votos de fidelidade até a morte. Jesus é enfático: *"...Portanto, o que Deus ajuntou não o separe o homem".*[154] Matthew Henry, conhecido intérprete das Escrituras, diz que homem nenhum tem autoridade para separar o que Deus uniu: nem marido, nem esposa, nem juiz, nem o sacerdote religioso.[155] Portanto, onde quer que o divórcio aconteça, ele não é o perfeito propósito de Deus para o casamento. Norman Geisler diz que o divórcio jamais representa a norma ou padrão de Deus para o homem.[156] Por causa da dureza do coração Jesus permitiu o divórcio em caso de adultério, mas não o permitiu em outros casos,

O DIVÓRCIO: A DISSOLUÇÃO DO CASAMENTO

Eu, porém, vos digo: quem repudiar sua mulher, não sendo por causa de relações sexuais ilícitas, e casar com outra comete adultério [e o que casar com a repudiada comete adultério].[157]

Mesmo na época do Antigo Testamento seria um equívoco falar do divórcio como sendo um direito. Muito embora a prática do divórcio fosse bem conhecida naquela época, não podemos considerá-la um direito ou um expediente divinamente aprovado, diz Walter Kaiser.[158] A lei judaica não instituiu o divórcio, ela apenas o tolerava; em virtude da imperfeição da natureza humana, baixou normas para limitá-lo e impedir seu uso abusivo.[159] O divórcio só é permitido quando o cônjuge infiel recusa-se obstinadamente a interromper a prática da infidelidade conjugal. A consequência desse ensino é que o cônjuge traído pode legitimamente divorciar-se do cônjuge infiel, sem se colocar sob o juízo de Deus. Hendriksen diz que a infidelidade marital é um ataque à própria essência do vínculo matrimonial. Neste caso, o cônjuge que trai está "separando" o que Deus uniu.[160] Nesse caso, o cônjuge traído tem o direito de divorciar-se e casar-se novamente. Obviamente, o perdão deve ser oferecido antes desse passo final. Contudo, perdão implica arrependimento da pessoa faltosa. O cônjuge que não se arrepende de sua infidelidade e permanece no pecado pode ser deixado através do divórcio, embora essa decisão não seja compulsória.[161]

O próprio Deus divorciou-se de Israel por causa da sua infidelidade. Israel desprezou o Senhor e entregou-se aos abomináveis ídolos das nações vizinhas, servindo-os e prostituindo-se com eles. O profeta Jeremias trata deste assunto nos seguintes termos:

CASAMENTO, DIVÓRCIO E NOVO CASAMENTO

Disse mais o Senhor nos dias do rei Josias: Viste o que fez a pérfida Israel? Foi a todo monte alto e debaixo de toda árvore frondosa e se deu ali a toda prostituição. E, depois de ela ter feito tudo isso, eu pensei que ela voltaria para mim, mas não voltou. A sua pérfida irmã Judá viu isto. Quando, por causa de tudo isto, por ter cometido adultério, eu despedi a pérfida Israel e lhe dei carta de divórcio, vi que a falsa Judá, sua irmã, não temeu; mas ela mesma se foi e se deu à prostituição.[162]

O arrependimento muda a situação. A despeito do pecado de Israel, Deus ainda busca seu povo e deseja ardentemente o seu retorno: *"...Ora, tu te prostituíste com muitos amantes; mas, ainda assim, torna para mim, diz o Senhor".*[163] O caminho para a reconciliação e restauração é o arrependimento: *"Convertei-vos, ó filhos rebeldes, diz o Senhor; porque eu sou o vosso esposo e vos tomarei...e vos levarei a Sião".*[164] Deus está disposto não apenas a perdoar o seu povo infiel, mas também a curar a sua infidelidade: *"Voltai, ó filhos rebeldes, eu curarei as vossas rebeliões".*[165] O arrependimento remove a causa que provoca o divórcio. O arrependimento é a disposição íntima de mudança e a determinação de retornar à aliança conjugal feita diante de Deus. Não há divórcio onde há arrependimento e perdão. Só há um pecado imperdoável, e este pecado não é o divórcio. Seguindo o exemplo do profeta Oseias, que demonstrou para a nação de Israel o amor compassivo de Deus, o cônjuge deveria perdoar e receber de volta a parte infiel.[166] O perdão é sempre melhor do que o divórcio.

Jesus expressamente declarou: *"...por causa da dureza do vosso coração é que Moisés vos permitiu repudiar vossa mulher; entretanto, não foi assim desde o princípio".*[167] Com isso Jesus está dizendo que o cônjuge traído não tem que se divorciar

O DIVÓRCIO: A DISSOLUÇÃO DO CASAMENTO

compulsoriamente de seu cônjuge por causa da sua infidelidade. Existe outro caminho que pode e deve ser percorrido, o caminho do perdão, da cura paciente e da restauração do relacionamento quebrado. Esta deve ser a abordagem cristã para esse problema. Mas, infelizmente, por causa da dureza dos corações, nem sempre é possível curar as feridas e salvar o casamento. Warren Wiersbe diz que o divórcio deve ser a última opção, e não a primeira.[168]

O divórcio por qualquer motivo não é válido

Em Mateus 19:9 Jesus deu a cláusula exceptiva para o divórcio: *"Eu, porém, vos digo: quem repudiar sua mulher, não sendo por causa de relações sexuais ilícitas, e casar com outra comete adultério [e o que casar com a repudiada comete adultério]."* Jesus declara que o casamento é uma união física permanente que só pode ser quebrada por uma causa física: a morte ou a infidelidade sexual. John A. Broadus diz que Jesus foi enfático ao afirmar que o divórcio "por qualquer motivo" não só não era permitido (Mateus 19:3), mas que também não o era por motivo algum, exceto por "relações sexuais ilícitas" (Mateus 19:9).[122] A única exceção e a única razão legal para pôr fim ao casamento é a *porneia*, o termo grego que abrange adultério, homossexualidade e bestialidade. D. A. Carson diz que o julgamento de Jesus sobre a questão do adultério é mais leve que a lei judaica. A lei judaica sentenciava com pena de morte os adúlteros, mas o julgamento de Jesus sobre o divórcio é mais pesado do que a lei judaica. Para Jesus só havia uma cláusula exceptiva para o divórcio, e não várias: as relações sexuais ilícitas.[170] João Calvino, comentando sobre esse importante assunto diz:

113

CASAMENTO, DIVÓRCIO E NOVO CASAMENTO

Embora a lei não puna as pessoas divorciadas, o homem que rejeita a sua esposa para viver com outra mulher é um adúltero; de igual forma a mulher que ocupa o leito de uma esposa legítima não passa de uma concubina.[171]

Há um grande debate entre os eruditos sobre o real significado da palavra grega *porneia*. Alguns estudiosos da Bíblia interpretam-na como incesto, outros argumentam que ela significa fornicação, ou seja, relação sexual pré-marital. Se um homem descobrisse que sua noiva não era mais virgem, ele poderia divorciar-se dela.[172] José, desposado com Maria, ao descobrir que ela estava grávida, não sabendo que sua gravidez era obra do Espírito Santo e não a querendo infamar, resolveu deixá-la secretamente.[173] Outros estudiosos interpretam *porneia* como sendo adultério. Apesar de a palavra específica para adultério ser *moicheia*, a palavra grega *porneia* tem um sentido muito vasto, abrangendo inclusive o adultério. Assim, *porneia* abrange todos os pecados sexuais e só o contexto pode definir a que pecado específico ela está se referindo.[174] O erudito da língua grega, Gerhard Kitell diz que em ambos os versos (Mateus 5:32 e 19:9) *porneia* refere-se ao intercurso sexual extraconjugal por parte da mulher, o que na prática é adultério.[175]

John Stott argumenta que Jesus não ensinou que a parte inocente devia divorciar-se do cônjuge infiel, mesmo tendo base legal para o divórcio. Jesus nem mesmo encorajou ou recomendou o divórcio por infidelidade. O que Jesus enfatizou é que o único divórcio e novo casamento que não equivalia ao adultério era o da parte inocente, cujo cônjuge fora infiel. Assim, o propósito de Jesus não era encorajar o divórcio por esta razão, mas desencorajá-lo por qualquer outra razão.[176] Como escreveu Murray: "É a única exceção que dá proeminência à ilegalidade de qualquer

O DIVÓRCIO: A DISSOLUÇÃO DO CASAMENTO

outra razão. Não se deve jamais permitir que a preocupação com a única razão obscureça a força da negação de todas as outras."[177]

Em Mateus 19:9 há uma combinação de duas cláusulas, a saber, a cláusula exceptiva (*me epi porneia*) e a cláusula do novo casamento (*kai gamese allen*). John Murray comenta:

> A questão da legitimidade do novo casamento para o cônjuge inocente, depois do divórcio por adultério, não deveria sequer ser levantada com base em Mateus 19:9. Isto porque se um homem pode divorciar-se legítima e legalmente de sua esposa infiel e se o tal divórcio dissolve os vínculos conjugais, a questão do novo casamento é uma medida inevitável.[178]

Quase todos os pais da igreja primitiva, como Inácio, Hermas, Justino, o mártir, Clemente de Alexandria, Orígenes, Ambrósio, Jerônimo e Agostinho discordavam sobre a legitimidade do novo casamento, a despeito da legitimidade do divórcio.[179] A Igreja Católica Romana assumiu uma posição ainda mais radical. Os Cânones da Igreja da Inglaterra, apesar de permitirem a separação em caso de adultério, não permitiam o segundo casamento para as partes.[180]

Jesus Cristo mostrou que o casamento, exceto em casos de relações sexuais ilícitas, é indissolúvel. Seus argumentos são claros. Em primeiro lugar, *o casamento é indissolúvel por ser uma instituição divina*. Em vez de responder à pergunta dos inquiridores acerca do divórcio, Jesus fez-lhes uma outra pergunta: "... *não tendes lido que o criador desde o princípio, os fez homem e mulher e que disse: Por esta causa deixará o homem pai e mãe e se unirá a sua mulher, tornando-se os dois uma só carne?*"[181] Antes de falar de divórcio, Jesus falou de casamento. Antes de tratar do assunto inquirido, Jesus os levou de volta para as Escrituras.

CASAMENTO, DIVÓRCIO E NOVO CASAMENTO

A multiplicação incontrolável do número de divórcios na sociedade contemporânea acontece pelo mesmo motivo dos tempos antigos, ou seja, as pessoas estão buscando o divórcio sem antes entender o que as Escrituras dizem sobre o casamento. Se entendêssemos melhor a instituição divina do casamento, buscaríamos menos a fuga dele pelo divórcio.

Em segundo lugar, *o casamento é indissolúvel por causa do expresso mandamento registrado nas Escrituras: "...por esta causa deixará o homem pai e mãe e se unirá a sua mulher, tornando-se os dois uma só carne. De modo que já não são mais dois, porém uma só carne...".*[182] O casamento é uma decisão voluntária e não compulsória. Ele não é imposto, mas desejado. A união entre marido e mulher é mais desejada do que a permanência do marido com os próprios pais. É um vínculo mais profundo do que a união entre pais e filhos. Marido e mulher são uma só carne. Antes de unir-se em casamento, os cônjuges precisam deixar pai e mãe. Esse deixar físico não significa deixar emocionalmente. As pessoas não amam menos a seus pais por estarem casadas. Deixar pai e mãe significa que o novo casal terá independência emocional e financeira para seguir o seu próprio caminho como uma nova célula da sociedade. Ambos precisam de liberdade para traçar sua própria rota e destino. A intervenção dos pais no casamento dos filhos está em desacordo com o ensino bíblico. Ajudar os filhos nas suas necessidades, orientá-los nos momentos de dúvida e animá-los durante as crises é uma atitude sensata e desejável, mas controlar os filhos, tirando-lhes a liberdade e o direito de constituírem um novo lar com a sua própria liderança, é algo desastroso.

A união entre marido e mulher é uma união legal e física. O casamento é mais do que o intercurso sexual entre um homem e uma mulher. Essa relação é legítima, legal e santa. Tem

O DIVÓRCIO: A DISSOLUÇÃO DO CASAMENTO

a bênção dos pais, a legitimidade da sociedade e a aprovação de Deus. Essa união física não é pecaminosa, mas santa; não é proibida por Deus, mas ordenada por Ele. Essa união é indivisível. A palavra hebraica para expressar *se unirá* é a mesma usada para colar duas folhas finas de papel. É impossível separá-las sem rasgá-las ou agredi-las. O divórcio é sempre traumático. É como rasgar a carne de uma pessoa. Produz dor e sofrimento, além de deixar marcas indeléveis.

Pelo fato de marido e mulher se tornarem uma só carne, o divórcio conspira contra esse mandamento de Deus, separando o que é indivisível e indissolúvel. Essa é a razão porque Deus odeia o divórcio (Malaquias 2:16). O princípio da indissolubilidade da aliança matrimonial resulta de sua própria essência. Aquilo que não se compõe de partes, não pode também ser dividido em partes.

Em terceiro lugar, *o casamento é indissolúvel porque nenhum ser humano tem autoridade para dissolver o que Deus ajuntou.* Assim disse Jesus: *"...portanto, o que Deus ajuntou não o separe o homem".*[183] A palavra grega usada aqui é *antropos,* significando homem, mulher, juiz, sacerdote ou qualquer outro ser humano. Nenhuma autoridade na terra tem competência para separar o que Deus uniu. Uma lei não é justa nem moral apenas por ser lei. Mesmo que um juiz conceda à pessoa uma certidão de divórcio e depois case-a novamente, sob os auspícios da lei, se o motivo do divórcio não for legítimo à luz das Escrituras, o novo casamento também será ilegítimo aos olhos de Deus, visto que o primeiro casamento não foi anulado legitimamente. Nesse caso, o segundo casamento é considerado como bigamia e constitui uma relação de adultério. A legalidade civil do divórcio não anula o princípio bíblico. A Bíblia está acima de qualquer lei civil. O fato

CASAMENTO, DIVÓRCIO E NOVO CASAMENTO

de uma pessoa estar quites com a lei dos homens não significa necessariamente que ela esteja quites com a lei de Deus.

Em quarto lugar, *o casamento é indissolúvel em virtude do exemplo do primeiro casamento instituído por Deus.* Vejamos o que dizem as Escrituras:

> Replicaram-lhe: Por que mandou, então, Moisés dar carta de divórcio e repudiar? Respondeu-lhes Jesus: Por causa da dureza do vosso coração é que Moisés vos permitiu repudiar vossa mulher; entretanto, não foi assim desde o princípio".[184]

Jesus deixou claro que embora o divórcio fosse tolerado e permido pela lei judaica para evitar abusos, esse não era o padrão de Deus ao instituir o primeiro casamento. Definitivamente, Deus não instituiu o divórcio. Ele é consequência da dureza do coração humano, e não fruto do amoroso coração de Deus.

Em último lugar, *o casamento é indissolúvel por causa das terríveis consequências da separação.* Jesus disse:

> Eu, porém, vos digo: quem repudiar sua mulher, não sendo por causa de relações sexuais ilícitas, e casar com outra comete adultério [e o que casar com a repudiada comete adultério].[185]

O divórcio só é tolerado nos casos de relações sexuais ilícitas (Mateus 19:9) e abandono irremediável (1Coríntios 7:15). Além dessas únicas cláusulas exceptivas estabelecidas pelas Escrituras, o divórcio e o novo casamento constituem-se em adultério. Obviamente, se os laços do primeiro casamento não forem legitimamente desfeitos, uma nova união implicará em adultério. Corroborando com esses preceitos bíblicos, John MacArthur Jr. diz que os únicos fundamentos bíblicos para o divórcio são a

O DIVÓRCIO: A DISSOLUÇÃO DO CASAMENTO

infidelidade sexual de um dos cônjuges e o abandono irreversível do cônjuge não crente, por incompatibilizar-se com o cônjuge crente.[186] Assim, o novo casamento só é permitido para o cônjuge fiel, vítima de infidelidade ou abandono.

Quando os discípulos ouviram o ensino de Jesus sobre casamento e divórcio, eles disseram o seguinte: *"Disseram-lhe os discípulos: Se essa é a condição do homem relativamente à sua mulher, não convém casar. Jesus, porém, lhes respondeu: Nem todos são aptos para receber esse conceito, mas apenas aqueles a quem é dado"* (Mateus 19:10,11). Jesus não afrouxou os limites para o expediente do divórcio. Esses postulados são imutáveis, ainda que a sociedade contemporânea os rejeite, para a sua própria ruína.

Quando o divórcio acontece por razões não estabelecidas nas cláusulas exceptivas, a pessoa que se casar primeiro comete adultério (Mateus 19:9) e a pessoa que casar-se com a parte repudiada também comete adultério (Lucas 16:18). O Novo Testamento só permite o novo casamento quando o divórcio está estribado em bases bíblicas, ou seja, infidelidade conjugal ou abandono.[187]

O ensino de Paulo sobre o divórcio

SE UM CASAL VIEr a se separar depois de ter passado por uma séria crise conjugal que se tornou insustentável, o caminho estabelecido pela Palavra de Deus é reconciliar-se ou permanecer separado, sem contrair novas núpcias. O apóstolo Paulo assim diz:

> Ora, aos casados, ordeno, não eu, mas o Senhor, que a mulher não se separe do marido. (Se, porém, ela vier a separar-se, que

CASAMENTO, DIVÓRCIO E NOVO CASAMENTO

não se case ou que se reconcilie com seu marido); e que o marido não se aparte de sua mulher.[188]

Após a separação sem base bíblica, ou seja, sem ser por infidelidade sexual ou abandono, se um dos cônjuges se casar novamente, estará cometendo adultério, porque Deus não reconhece a validade desse tipo de divórcio.[189] Consequentemente, a outra parte estará livre para contrair um novo casamento, diz John Murray.[190]

O apóstolo Paulo assim ensina sobre o divórcio:

> Ora, aos casados, ordeno, não eu, mas o Senhor, que a mulher não se separe do marido (se, porém, ela vier a separar-se, que não se case ou que se reconcilie com seu marido); e que o marido não se aparte de sua mulher. Aos mais digo eu, não o Senhor: se algum irmão tem mulher incrédula, e esta consente em morar com ele, não a abandone; e a mulher que tem marido incrédulo, e este consente em viver com ela, não deixe o marido.Porque o marido incrédulo é santificado no convívio da esposa, e a esposa incrédula é santificada no convívio do marido crente. Doutra sorte, os vossos filhos seriam impuros; porém, agora, são santos. Mas, se o descrente quiser apartar-se, que se aparte; em tais casos, não fica sujeito à servidão nem o irmão, nem a irmã; Deus vos tem chamado à paz".[191]

John Stott comenta que Paulo está ensinando basicamente três verdades fundamentais no texto supra: *Primeiro, ele está dando instrução apostólica autorizada.* A antítese que ele estabelece entre os versículos 10 e 12 não opõe o seu ensino ao ensino de Cristo. O contraste não é entre o ensino divino infalível (de Cristo) e o ensino humano falível (de Paulo), mas entre duas

O DIVÓRCIO: A DISSOLUÇÃO DO CASAMENTO

formas de ensino divino e infalível, uma procedente do Senhor e a outra apostólica. *Segundo, Paulo repete e reafirma a proibição de Jesus relativa ao divórcio.* Nos versículos 10 e 11, bem como em Romanos 7:1-3, o divórcio é proibido em termos absolutos. *Terceiro, Paulo admite o divórcio na base da deserção do cônjuge incrédulo.* Nos versículos 12 a 16 Paulo aborda a questão envolvendo um casal não cristão em que um deles posteriormente se converteu. Se o cônjuge incrédulo desejar permanecer casado, então o crente não deve recorrer ao divórcio. Mas se o cônjuge incrédulo não quiser ficar e decidir partir, então o outro ficará livre para se divorciar e casar novamente.[192]

Neste texto Paulo está afirmando que o crente não pode se separar do cônjuge incrédulo por causa da sua incredulidade (v. 12). O desacordo de fé entre o casal não constitui base legítima para o divórcio (v. 13). O cônjuge incrédulo e os filhos são santificados pela sua relação com o cônjuge crente (v. 14). Mas, se o crente, homem ou mulher, for abandonado pelo cônjuge incrédulo, ficará livre do jugo conjugal (v. 15). Assim, o apóstolo Paulo proibe a prática do divórcio entre crentes. Contudo, ele aprova o divórcio no caso de deserção e abandono: *"Mas, se o descrente quiser apartar-se, que se aparte; em tais casos, não fica sujeito à servidão nem o irmão, nem a irmã; Deus vos tem chamado à paz".*[193] A posição de que o divórcio só é permitido em caso de adultério ou deserção e abandono por parte do cônjuge incrédulo é postulada pela Confissão de Fé de Westminster, capítulo 24, seções V e VI:

O adultério ou fornicação, cometido depois de um contrato, sendo descoberto antes do casamento, dá à parte inocente justo motivo de dissolver o contrato (Deuteronômio 22:23,24); no caso de adultério depois do casamento, à parte inocente é lícito

CASAMENTO, DIVÓRCIO E NOVO CASAMENTO

propor divórcio (Mateus 5:31,32), e, depois de obter o divórcio, casar com outrem, como se a parte infiel fosse morta (Mateus 19:9; Romanos 7:2,3). Posto que a corrupção do homem seja tal que o incline a procurar argumentos a fim de indevidamente separar aqueles que Deus uniu em matrimônio, contudo nada, senão o adultério, é causa suficiente para dissolver os laços do matrimônio, a não ser que haja deserção tão obstinada que não possa ser remediada nem pela Igreja nem pelo magistrado civil (Mateus 19:8; 1Coríntios 7:15). Para a dissolução do matrimônio é necessário haver um processo público e regular, não se devendo deixar ao arbítrio e discrição das partes o decidir em seu próprio caso (Esdras 10:3).[194]

John H. Gerstner levanta uma questão importantíssima: a cláusula exceptiva do adultério, ensinada por Cristo, não negou, por implicação o ensino de Paulo sobre o abandono e Paulo positivamente ensinou o que Cristo não negou. Não há discordância entre o ensino de Jesus e o ensino de Paulo.[195] A restrição de Cristo sobre infidelidade conjugal como fundamento para o divórcio não é inconsistente com a admissão de Paulo sobre o abandono como outro fundamento para o divórcio. O ensino de Paulo não contradiz o ensino de Cristo. Paulo e Cristo não estão em conflito sobre esta questão. Cristo está falando da base positiva para o divórcio e Paulo da base passiva. Cristo está falando que o cônjuge traído pode dar carta de divórcio. A iniciativa do divórcio é do cônjuge inocente. Paulo está falando que o cônjuge abandonado está livre do jugo conjugal. Assim, a iniciativa do divórcio não é do cônjuge abandonado, mas daquele que abandonou. O cônjuge abandonado pode apenas reconhecer o fato do seu abandono. No ensino de Paulo é a parte culpada que toma a iniciativa da deserção ou do divórcio. No ensino de Jesus

O DIVÓRCIO: A DISSOLUÇÃO DO CASAMENTO

é a parte inocente que toma a iniciativa do divórcio. Cristo falou de uma separação voluntária, Paulo de uma separação contra a vontade do cônjuge abandonado.[196] Podemos sintetizar a questão do divórcio da seguinte maneira:

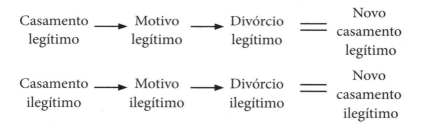

O divórcio e o novo casamento fora dos parâmetros bíblicos acarretam inúmeras consequências tanto para os cônjuges separados como para os filhos. As reverberações desses danos atingem a família, os amigos, a igreja e a sociedade como um todo. A fragilidade da família desestabiliza todas as demais relações e abala os próprios alicerces da sociedade. Para muitos filhos, o divórcio dos pais é mais drástico do que a própria morte de um deles. Em alguns casos, o divórcio é um luto permanente de pais vivos.

Apenas uma em cada dez crianças sente-se aliviada com o divórcio dos pais. No divórcio, as crianças perdem algo fundamental para o seu desenvolvimento: a estrutura familiar. Quando o círculo familiar se rompe, os filhos se sentem vulneráveis e passam a ter sensações de medo, tristeza, perda, abandono e revolta. Crianças de todas as idades sentem-se intensamente rejeitadas quando os pais se divorciam. Geralmente se espera que os pais se sacrifiquem pelos filhos, e não que os filhos se sacrifiquem pelos pais. O divórcio dos pais faz com que a criança se sinta intensamente solitária, sendo uma experiência pungente, dolorosa e até mesmo indelével na vida de muitos filhos, .

Para as crianças, o divórcio dos pais não significa uma nova chance, mas um futuro sombrio, e isso lhes causa grande sofrimento e insegurança. As crianças sentem que sua infância ficou perdida para sempre. O divórcio é o preço pago pelos filhos pelo fracasso dos pais. As sequelas do divórcio comprometem, muitas vezes, o futuro dos filhos. O produto desse desastrado desenlace são filhos inseguros, complexados e revoltados.

O perdão é melhor que o divórcio

O DIVÓRCIO NÃO É um mandamento de Deus, mas uma decisão do homem. Ele nasceu na terra, não no céu; é fruto da dureza do coração humano, não do coração amoroso de Deus. Deus instituiu o casamento, nunca o divórcio. Ele tolerou o divórcio e o permitiu sob condições específicas, porém, a verdadeira causa motriz do divórcio é a dureza do coração (Mateus 19:8).

O que significa "dureza do coração"? É a incapacidade de perdoar. Jesus já havia tratado desse importante assunto no capítulo anterior de Mateus (Mateus 18:21-35). Onde há perdão, não há necessidade de divórcio. O divórcio é a afirmação de que a ferida não tem cura. O divórcio é a desistência definitiva de um relacionamento machucado. O perdão, entretanto, cura a ferida, restaura o relacionamento e renova o casamento.

O perdão deve ser ilimitado

O Senhor Jesus falou sobre o caráter ilimitado do perdão. *Se, por sete vezes no dia, pecar contra ti e, sete vezes, vier ter contigo,*

O DIVÓRCIO: A DISSOLUÇÃO DO CASAMENTO

dizendo: Estou arrependido, perdoa-lhe (Lucas 17:4). Este ensino de Jesus é absolutamente revolucionário. Ninguém consegue atingir este padrão. O perdão não é algo natural. Por nós mesmos, não somos capazes de perdoar por este critério. A tendência natural do coração humano é rechaçar a pessoa que falha conosco mais de uma vez. Não gostamos de saber que alguém abusou de nós. Não toleramos que as pessoas falhem conosco sucessivamente. A tendência do nosso coração é desprezar as pessoas que reincidem no erro conosco. Mas perdão limitado não é perdão de forma nenhuma. O perdão não tem limites nem fronteiras. Ele tem caráter ilimitado.

Certa ocasião, os discípulos de Jesus estavam conversando com ele sobre esta questão. Pedro começou a ficar inquieto com aquela conversa e resolveu perguntar a Jesus até quantas vezes deveríamos perdoar alguém. O problema de Pedro não era a necessidade de perdão, mas o limite para o perdão. Até quando devemos perdoar uma pessoa que nos ofende? Pedro arrisca uma resposta de matemática supraespiritual: será que devemos perdoar até sete vezes? Pedro talvez esperasse ganhar um elogio de Jesus com essa resposta, afinal sua teologia acerca do perdão era a expressão máxima da experiência humana. Ele achou que o seu nível de perdão estava no topo da vida cristã. Sete é o número da perfeição. Perdoar sete vezes seria perdoar como só Deus consegue perdoar. O homem, imperfeito, talvez fosse capaz de perdoar umas seis vezes. Por isso, a pergunta de Pedro significa: temos que perdoar de um jeito que só Deus consegue? Mas Jesus desarticula o pensamento de Pedro e corrige sua teologia quando diz: "Não apenas sete vezes, mas setenta vezes sete". Jesus não estava preocupado em dar uma aula de matemática para Pedro ao falar sobre o perdão, mas estava revelando a ele que o perdão devia ser ilimitado. Quem se fecha para o perdão, seja para concedê-lo, seja para recebê-lo, se fecha para a felicidade conjugal e para a vida na comunidade da fé. Quem não perdoa como Deus perdoa se fecha para a vida de Deus. Há duas verdades sublimes sobre perdão na Bíblia. A primeira é que devemos perdoar uns aos outros assim como Deus em Cristo nos perdoou. O perdão de Deus é completo, final e constante. Sempre que chegamos a Deus com um coração contrito, Ele está pronto a nos perdoar. Se confessarmos os nossos pecados Ele é fiel e justo para nos perdoar. Ele é rico em perdoar e tem prazer na misericórdia. Nossa condição seria desesperadora diante de Deus se Ele limitasse o seu perdão a nós. Seríamos consumidos pelos nossos pecados se Deus não nos tratasse segundo as suas muitas misericórdias. Ele jamais rejeita um coração quebrantado e um espírito contrito. Sempre encontramos graça e restauração diante do trono de Deus. Ele é quem perdoa os nossos pecados e deles nunca mais se lembra. Ele apaga as nossas transgressões como a névoa. Ele lança os nossos pecados nas profundezas do mar e os afasta de nós como o oriente se afasta do ocidente. Assim também devemos perdoar uns aos outros. Da mesma forma como Deus nos perdoa, devemos perdoar. O perdão de Deus é o nosso referencial e modelo. Assim como Deus perdoa e restaura, devemos perdoar aos que nos ofendem e restaurá-los. Deus está sempre pronto a nos perdoar, se nos achegamos a Ele com o coração arrependido. Assim também devemos perdoar aos nossos devedores.

A segunda verdade sublime sobre o perdão é que pedimos para Deus perdoar as nossas dívidas assim como perdoamos aos nossos devedores. Agora a posição se inverte. Antes o perdão divino é o padrão mediante o qual devemos perdoar aos nossos ofensores. Agora, estamos pedindo para Deus nos perdoar assim como nós perdoamos. O perdão que concedemos é o padrão

O DIVÓRCIO: A DISSOLUÇÃO DO CASAMENTO

mediante o qual pedimos que Deus nos trate. É impossível fazer a Oração do Senhor sem espírito perdoador. Se o nosso coração é um poço de mágoa e vingança, não podemos orar como o Senhor nos ensinou, pois estaremos pedindo juízo sobre a nossa cabeça em vez de misericórdia, condenação em vez de perdão. O perdão é o remédio para as tensões conjugais, não o divórcio.

O perdão deve ser restaurador

Não podemos carregar no coração o peso da mágoa. Quem não perdoa não tem paz nem consegue adorar a Deus. Quem não perdoa não consegue orar com eficácia, e vive atormentado pelo sofrimento. Quem não perdoa adoece. O perdão é a assepsia da alma, a faxina do coração, a cura das memórias amargas, a amnésia do amor, a libertação dos grilhões do ressentimento.

O perdão é, sobretudo, uma atitude de amor que visa não apenas zerar as contas do passado, mas também restaurar os relacionamentos quebrados. Quando Deus nos perdoa, Ele não apenas cancela a nossa dívida, mas nos restaura e nos dá dignidade em sua presença. Ele nos dá nova chance de vivermos vitoriosamente. Deus não apenas nos levanta do pó, mas nos faz assentar entre príncipes. Essa verdade pode ser vista de forma eloquente na parábola do Filho Pródigo.

A vida do filho mais moço começou a naufragar quando ele se deixou dominar por um espírito de descontentamento na casa do pai. Ele tinha tudo ali, mas estava insatisfeito. Ele não tinha consciência do quanto era feliz ali. O primeiro passo na sua caminhada em direção ao fracasso foi pedir que o pai lhe antecipasse a herança, matando-o em seu coração. Ele saiu em busca de prazeres e aventuras com toda a ânsia do seu coração. O mundo se tornou mais importante para ele do que o pai. Cercou-se de amigos, programas, festas e muita diversão.

Casamento, divórcio e novo casamento

Vivia embalado nas asas das aventuras mais requintadas, bebia todas as taças dos prazeres que o mundo lhe oferecia. Ele não tinha consciência do quanto era infeliz. Mas, as alegrias do pecado são falsas e passageiras. O dinheiro acabou. Os amigos fugiram. Ele ficou só, desamparado, mergulhado em profunda tristeza. Começou a passar fome. Rebaixou-se, foi ao fundo do poço, indo trabalhar num chiqueiro para cuidar de porcos imundos. Agora, ele tinha consciência do quanto era infeliz. No auge do desespero, o pródigo lembrou-se do pai e tomou a decisão de voltar para casa. Pensou nos seus erros, na loucura das suas escolhas, na tragédia das suas perdas, no desbarrancamento da sua reputação, na perda dos seus direitos. Pensou em ser recebido apenas como um empregado. Levantou-se, então, e foi ao pai. Mas o pai, longe de reprová-lo, de censurá-lo pelo que havia feito, ou de escorraçá-lo de casa, correu ao seu encontro, abraçou-o e beijou-o. Finalmente, ele tinha consciência de sua felicidade.

Esta parábola nos ensina tremendas lições sobre o perdão. Em primeiro lugar, Jesus nos ensina que o perdão cancela os erros do passado, por mais terríveis que eles sejam. O pai mandou que o filho tirasse aqueles trapos sujos de lama e vestisse um traje novo. Quando as pessoas olhassem para ele, não veriam nenhum vestígio da sua miséria passada. Esse seria um segredo entre pai e filho, perdoado para sempre. Assim devemos perdoar aos que nos ofendem. Não devemos relembrar os erros do passado que nos causaram sofrimento. Não devemos nunca mais expor a pessoa que nos ofendeu ao ridículo. Pelo contrário, devemos cobri-la com vestes novas. É assim que devemos querer que os outros a vejam. Quando o filho mais velho se recusou a entrar na casa e se alegrar junto com eles, o pai não deu guarida à sua acusação. Para o coração perdoador do pai, o passado de

O DIVÓRCIO: A DISSOLUÇÃO DO CASAMENTO

seu filho era uma página virada, um livro fechado, um caso encerrado, que não deveria mais ser revivido.

Em segundo lugar, Jesus nos ensina que o perdão restaura a pessoa caída e lhe devolve a dignidade. O pai mandou colocar um anel no dedo do filho. Ele não era um escravo, ele era seu filho. O filho queria ser apenas um escravo, mas o pai lhe restaurou a filiação, a dignidade. Como escravo, aquele filho estaria sempre se cobrando, sempre lembrando dos seus erros, sempre se penalizando. O pai não apenas cancelou o seu passado, mas restaurou o seu presente. O pai não apenas perdoou a sua dívida, mas lhe devolveu o direito de herança.

Em terceiro lugar, Jesus nos ensina que o perdão abre as portas para a celebração da reconciliação. O pai não apenas recebeu o seu filho de volta, mas festejou o seu retorno com um grande banquete. Houve música e danças de alegria. Aquele filho estava perdido e foi achado, estava morto e agora está vivo. O perdão é a festa da restauração. É a celebração festiva do reencontro. É o banquete da reconciliação. A Bíblia diz que há festa no céu quando um pecador se arrepende e volta para Deus. Há muito mais alegria com a restauração de um casamento quebrado do que com a fuga pelo divórcio.

O perdão deve ser transcendental

Quando os discípulos ouviram Jesus falar sobre o aspecto ilimitado do perdão, eles exclamaram: *"Senhor, então, aumenta-nos a fé"* (Lucas 17:5). O perdão está sempre além e acima das nossas forças. O perdão é uma atitude transcendental, que ultrapassa as fronteiras da capacidade humana. Daí a súplica dos discípulos: "Senhor, aumenta-nos a fé". Aqui encontramos algumas lições preciosas sobre perdão. Em primeiro lugar, somente o Senhor pode nos capacitar a perdoar. O perdão é uma

Casamento, divórcio e novo casamento

obra de Deus em nós. O perdão não é resultado de um temperamento manso, mas da graça de Deus em nosso coração. Só Jesus pode nos ensinar a perdoar de verdade. Só Ele pode arrancar do nosso peito a dor da traição. Só Ele pode curar as feridas profundas no coração de um cônjuge que foi traído, abandonado e trocado por outra pessoa. Só Jesus pode sarar a alma de uma filha que foi abusada sexualmente pelo próprio pai. Somente Jesus pode curar as memórias amargas de uma pessoa rejeitada desde o ventre materno, que nunca conheceu o amor de seus pais. Somente Jesus pode capacitar um cônjuge a perdoar o outro por uma infidelidade sexual. Somente Jesus pode aliviar as tensões do coração daqueles que foram abusados, injustiçados, caluniados, pisados e perseguidos. Só Jesus pode nos capacitar a perdoar e liberar perdão.

Perdoar não é fácil. Falar sobre perdão é fácil. Perdoar é morrer para nós mesmos. Perdoar é sair em defesa da pessoa que nos ofendeu e atenuar a culpa daqueles que nos maltrataram. Perdoar é amar os nossos próprios inimigos e pagar o mal com o bem.

Em segundo lugar, como o perdão é uma atitude espiritual, precisamos pedir que Jesus aumente a nossa fé. Pessoas que têm uma fé trôpega não conseguem perdoar. A menos que sejamos fortalecidos pelo amor que procede do coração de Deus e abastecidos pela fonte que emana do seu trono, não conseguiremos perdoar verdadeiramente. O perdão é consequência de uma vida de intimidade com Deus. A fé vem pela Palavra. Somos salvos pela fé. Vivemos pela fé. Vencemos pela fé. Perdoamos pela fé.

Em terceiro lugar, todos nós estamos aquém do padrão divino de perdão. Por isso precisamos orar: "Senhor, aumenta-nos a fé". Só Deus pode nos fazer crescer nessa prática espiritual. Sempre estaremos aquém do padrão divino. Sempre precisaremos

O DIVÓRCIO: A DISSOLUÇÃO DO CASAMENTO

avançar para alcançarmos o alvo. Precisamos buscar em Jesus a capacitação para saber perdoar assim como Deus nos perdoou. Quanto mais perto de Deus andarmos, mais perto do nosso cônjuge estaremos e mais distantes do divórcio.

A reconciliação é melhor que o divórcio

O DIVÓRCIO É UM EXPEDIENTE amargo, que produz dor e decepção nos filhos e nos cônjuges. O divórcio é uma espécie de terremoto que atinge o casamento e provoca o desabamento da família. As perdas emocionais são imensas. Os reveses financeiros amargam ainda mais as pessoas feridas pelo abandono e pela separação. O enfrentamento social é um peso que esmaga as vítimas do divórcio. Por mais corriqueiro, estimulado e aceito que seja o divórcio nos dias atuais, suas sequelas não desaparecem facilmente. As consequências do divórcio permanecem por muitos anos, afetando até mesmo as futuras gerações.

O caminho da reconciliação é melhor do que o atalho do repúdio. A reconciliação é mais segura e conduz a um destino mais feliz. A solução para um casamento em crise não é o divórcio, mas o arrependimento, o perdão e a reconciliação. Não há causa perdida para Deus. Não há relacionamento irrecuperável. O casamento simboliza o relacionamento entre Cristo e sua igreja. Quando pecamos contra o Senhor, Ele não nos escorraça nem nos manda embora. Ele nos perdoa, nos restaura e celebra conosco a festa da reconciliação. O perdão deve ser completo, ou então não é perdão. O perdão deve ser incondicional, ou então não reflete o amor incondicional de Deus. O perdão é sempre maior do que a ferida. O perdão sempre supera a dor. O perdão restaura a dignidade do caído, cura a alma enferma e restaura o relacionamento quebrado.

CASAMENTO, DIVÓRCIO E NOVO CASAMENTO

Uma das imagens mais vívidas de perdão incondicional encontra-se na história do profeta Oseias e sua esposa Gômer. A nação de Israel estava entregue à apostasia. O povo estava cansado de Deus e havia abandonado o Senhor, trocando-o por outros deuses. A nação de Israel estava se prostituindo espiritualmente, sendo infiel à sua aliança com Deus. O Senhor, então, em vez de falar à nação pela boca do profeta, falou através de sua vida. Em vez de exortar o povo através de um sermão, demonstrou seu amor a Israel através do sofrimento do profeta.

Gômer era uma mulher bonita e atraente. Ela simbolizava Israel. Gômer teve três filhos. O primeiro filho chamava-se Jezreel, um nome pouco adequado para se colocar numa criança. Jezreel era o local de uma chacina, um campo de sangue, um lugar de violência. Deus estava mostrando o perigo iminente que iria desabar sobre o povo caso não se arrependesse. Gômer concebeu novamente e deu à luz uma menina, que recebeu o nome de Desfavorecida. Não sabemos se ela era realmente filha de Oseias. Talvez aquela menina fosse fruto da infidelidade de Gomer. Deus estava revelando seu desgosto e desfavor à nação de Israel pelos seus pecados. A partir daí, Gômer se entregou a uma vida de devassidão, engravidando novamente. Desta vez, Oseias tinha certeza que aquela criança não era dele. Quando o menino nasceu, recebeu o nome de "Não meu povo". Israel não era mais o povo de Deus. Havia se desviado e se entregara à prostituição espiritual.

Depois que o terceiro filho foi desmamado, Gômer abandonou o profeta Oseias e se entregou à luxúria, vivendo despudoradamente com seus amantes. Ela tornou-se uma prostituta cultual, aprofundando-se cada vez mais no pecado e corrompendo-se ao extremo. A despeito do descalabro moral de Gômer, da apostasia do seu amor, Oseias ainda a amava e buscava formas

O DIVÓRCIO: A DISSOLUÇÃO DO CASAMENTO

de revelar a ela o seu amor. Ao perceber que ela estava passando necessidades nas mãos de seus amantes, Oseias comprou-lhe presentes, mas ela voltou-se ainda mais para os seus amantes e se entregou ainda mais às paixões infames.

O tempo passou. Gômer perdeu seu viço, sua beleza, seu encanto, a ponto de ser levada para o mercado para ser vendida como escrava. Oseias então avistou sua mulher no meio da multidão, gasta e envelhecida, colocada à venda como uma mercadoria. Seu coração se comoveu com aquela cena. Ele ainda amava sua mulher. Então, ele foi até lá e ofereceu o maior lance para comprar Gômer. O povo da cidade certamente ficou chocado. Alguns talvez tenham achado que Oseias iria lavar sua honra e matar a esposa adúltera. Mas Oseias, em vez de escorraçar a esposa infiel, tomou-a nos braços, apertou-a contra o peito, perdoou-a incondicionalmente, devotando-lhe o seu amor. Oseias amou sua mulher, investiu em sua mulher, perdoou e restaurou sua mulher. Ao final, Oseias não apenas falou à nação acerca do amor e do perdão de Deus, mas demonstrou esse amor de forma poderosa e convincente.

Somos como Gômer. Assim como Oseias perdoou e restaurou sua mulher, Deus corre até nós para nos abraçar, beijar, honrar, perdoar, restaurar e celebrar a festa da nossa reconciliação.

Deus não apenas apaga as nossas transgressões, ele nos recebe de volta e celebra a nossa volta para Ele. Deus não apenas cancela a nossa dívida, mas concede-nos o privilégio de filhos e de herdeiros. Deus não apenas sepulta o nosso passado no mar do esquecimento, mas constrói um relacionamento cheio de ternura no presente. Deus não apenas tapa os fossos escuros do nosso passado vergonhoso, mas constrói pontes de um novo e vivo relacionamento. Perdão implica restauração.

CASAMENTO, DIVÓRCIO E NOVO CASAMENTO

Quando Jesus buscou a Pedro no Mar da Galileia, não apenas o perdoou, mas também restaurou o seu apostolado (João 21:7-17). Pedro havia negado a Jesus. Ele confiava na sua própria força e se achava mais fiel a Jesus do que os outros discípulos. Pedro desconhecia suas próprias fraquezas. Por isso Jesus permitiu que ele caísse na peneira do diabo. Pedro foi moído, quebrado. No Getsêmani, ele dormiu em meio à batalha mais decisiva da história. Em vez de ficar orando, Pedro dormiu. Em vez de guerrear com armas espirituais, sacou da espada e cortou a orelha de Malco. A partir daí, Pedro começou a seguir Jesus de longe. Misturou-se com os escarnecedores e logo depois negou a Jesus. Pedro jurou que não conhecia Jesus e chegou mesmo a praguejar, afirmando não ter nada com Ele. Nesse momento, o galo cantou e Jesus olhou para Pedro, que desatou a chorar. Naquela noite, Pedro foi para casa com o coração encharcado de dor, a alma em crise. Saiu chutando as pedras pelo caminho, correndo entre os olivais, com o rosto banhado em lágrimas, que rolavam pela sua pele bronzeada pelo sol. Chegando em casa, não conseguiu dormir. Ficou rolando na cama, alagando o leito com suas lágrimas, ensopando o travesseiro com as torrentes que brotavam dos seus olhos. Seu mundo ruíra. Ele havia negado sua fé, seu apostolado, suas convicções, seu Senhor. Ele não era mais uma pedra, agora era apenas pó. Pedro era a síntese do fracasso.

Pedro havia desistido de tudo, mas Jesus não havia desistido de Pedro. Jesus ressuscitou e enviou um recado para ele (Marcos 16:7): iria encontrá-lo na Galileia. Pedro foi até lá. De Jerusalém até o Mar da Galileia foi uma longa viagem. Cada passo era como uma alfinetada na alma. Ele tinha fracassado. Sua lealdade a Jesus fora barrada por sua própria fraqueza. Quando Pedro chegou na Galileia seu mundo ainda estava confuso. Ele não via mais possibilidade de recomeçar seu ministério. Para ele tudo

O DIVÓRCIO: A DISSOLUÇÃO DO CASAMENTO

estava perdido. Resolveu, então, voltar às redes, abandonar seus sonhos, seus projetos, seu apostolado. Resolveu reconstruir as pontes do passado e voltar a pescar, levando com ele alguns de seus companheiros. Mas naquela noite, eles nada apanharam. Parecia que até como pescador ele era um fracasso. As portas estavam se fechando. Pedro havia chegado ao fim da linha. Mas quando tudo parecia estar perdido, Jesus apareceu para restaurar Pedro. Jesus não o humilhou, nem o expôs ao ridículo diante dos seus colegas. Jesus apenas lhe perguntou: "Pedro, você me ama?" Jesus montou o cenário para restaurar a memória de Pedro. Quando Pedro negou a Jesus, havia uma fogueira perto, então Jesus acendeu uma fogueira para restaurar Pedro. Ele negou a Jesus três vezes, e três vezes Pedro teve oportunidade de reafirmar seu amor por Jesus. Pedro tinha desistido do seu apostolado, mas Jesus não tinha desistido de Pedro, por isso pediu a ele para pastorear as suas ovelhas. O perdão de Jesus sempre nos restaura. O perdão genuíno produz reatamento dos laços quebrados. O perdão pleno promove reconciliação. Onde o perdão prevalece, não prospera o expediente do divórcio.

Talvez você esteja afastado de alguém que um dia já fez parte da sua vida. Talvez uma muralha de bronze esteja separando você de alguém que deveria estar ao seu lado. Talvez haja muros dentro da sua casa. Talvez você e seu marido já não dividam mais o mesmo leito. Talvez você nunca tenha se libertado da dor de ter sido traído pelo seu cônjuge ou jamais conseguiu perdoar aquele amigo que lhe decepcionou. Talvez você não tenha perdoado ainda seu pai ou sua mãe pela maneira rude como eles lhe trataram na infância ou pelo tratamento diferenciado que davam aos seus irmãos. Talvez suas feridas ainda estejam sangrando e sua alma passando por uma grande angústia. Chegou a hora de estancar essa hemorragia que está drenando suas forças. Chegou

CASAMENTO, DIVÓRCIO E NOVO CASAMENTO

a hora de você dar um basta nessa dor que sufoca o seu peito e decretar a sua própria liberdade. Você pode se curar dessa dor e atar essa ferida. Você pode perdoar as pessoas que abriram feridas no seu coração e se sentir livre. Você poder restaurar os relacionamentos quebrados. Você pode experimentar o poder do perdão em sua vida!

A igreja é uma comunidade de cura para os feridos pelo divórcio

COMO A IGREJA DEVE TRATAR as pessoas feridas pelo divórcio? O número de pessoas divorciadas é cada vez maior, em todos os lugares, inclusive dentro das igrejas. Como devemos agir com aqueles que fracassaram e caíram? Os fariseus tratavam as pessoas feridas com rigor e legalismo e davam mais valor às tradições do que às pessoas. Jesus, entretanto, agia de forma diferente.

A mulher samaritana é um bom exemplo de como Jesus lidava com essas pessoas. Essa mulher já estava no sexto relacionamento conjugal. Tinha tido cinco maridos e agora estava vivendo com um homem que não era seu marido legítimo. Sua reputação era a pior possível. As pessoas a consideravam um risco à sociedade, e a desprezavam. Ela tinha que ir buscar água no poço sozinha, num horário absolutamente desfavorável. As pessoas fugiam dela. Mas Jesus não evitou o contato com essa mulher segregada e alijada. Ele entabulou um diálogo com ela, deixando seus discípulos chocados ao verem-no conversando com uma mulher proscrita (João 4:27).

Jesus decidiu passar por Samaria quando foi para a Galileia porque tinha um encontro com essa mulher samaritana (João 4:1). Jesus não desprezou essa pecadora. Falou com ela,

O DIVÓRCIO: A DISSOLUÇÃO DO CASAMENTO

revelou-se a ela. Despertou nela a consciência da sua sede espiritual e ofereceu-lhe a água da vida. Longe de escorraçá-la do Reino por causa dos seus pecados, Jesus a salvou, a perdoou e transformou-a numa missionária. A igreja precisa encarnar a misericórdia de Jesus. Quando as pessoas chegam ao fundo do poço, precisam de esperança, não de condenação. Jesus não fechou a porta do Reino para essa mulher divorciada, ao contrário, deu-lhe a água da vida e fez dela uma embaixadora das boas novas de salvação. Seja qual for a nossa posição sobre a questão do divórcio ou novo casamento, a rejeição de suas vítimas não encontra justificativa bíblica.[197]

Certa feita, os fariseus trouxeram a Jesus uma mulher apanhada em adultério. Eles atiraram a mulher aos pés do Senhor para que este se posicionasse a respeito do seu destino, relembrando a Ele que a lei exigia que fosse apedrejada. Mas, Jesus em vez de cair na armadilha dos seus inimigos de plantão, tirou-lhes a máscara e revelou-lhes seus próprios pecados, dizendo: *"Aquele que dentre vós estiver sem pecado seja o primeiro que lhe atire pedra"* (João 8:7). Os acusadores, alfinetados pela própria consciência, fugiram. Jesus então disse: *"Mulher, onde estão aqueles teus acusadores? Ninguém te condenou? Respondeu ela: Ninguém, Senhor! Então, lhe disse Jesus: Nem eu tampouco te condeno; vai e não peques mais"* (João 8:10,11).

A igreja deve ser um lugar onde os feridos possam encontrar aceitação, perdão, cura e restauração. Jesus não colocou mais um peso de culpa sobre aquela mulher que foi arrastada aos seus pés. Ela já havia sido humilhada o bastante. Ele apenas estendeu-lhe a mão, ajudou-a a se levantar e restaurou-a para a dignidade de uma nova vida. A igreja deve ser uma comunidade aberta a todos, mas não aberta a tudo. Ela deve acolher os pecadores, mas rejeitar o pecado. Ela deve amar o pecador, mas abominar o

CASAMENTO, DIVÓRCIO E NOVO CASAMENTO

pecado. Os divorciados precisam encontrar na igreja de Deus um lugar de aceitação, cura e restauração, embora devamos repudiar o pecado do divórcio com firmeza, assim como o fez Jesus.

A igreja precisa agir preventivamente em relação aos jovens, oferecendo aconselhamento pré-nupcial e também aos casais que estão enfrentando problemas conjugais. A igreja deve oferecer apoio às vítimas do divórcio, a fim de restaurá-las e incentivá-las a viver na dependência de Deus.

O DIVÓRCIO: A DISSOLUÇÃO DO CASAMENTO

Notas do capítulo 6

[121] **Veja Mateus** 12:2,14,24,38; 15:1; 16:1; 22:17,35.

[122] **John Stott.** *Grandes Questões sobre Sexo.* Niterói, Rio de Janeiro. Vinde Comunicações. 1993: p. 77-81.

[123] **Mateus** 19:7

[124] **Mateus** 19:8,9.

[125] **Mateus** 19:7

[126] **Deuteronômio** 24:1-4.

[127] **John Stott.** *Grandes Questões sobre Sexo.* Niteroi, Rio de Janeiro. Vinde Comunicações. 1993: p. 73-75.

[128] **John Murray.** *Divorce.* Phillipsburg. New Jersey. Presbyterian and Reformed Publishing Company. 1961: p. 32.

[129] **Levítico** 21:7,14; 22:13; Números 30:9; Deuteronômio 22:19,29; 24:1-4; Isaías 50:1; Jeremias 3:1; Ezequiel 44:22.

[130] **Walter Kaiser Jr.**, *Op. Cit.* 1983: p. 200-201.

[131] **Jay Adams.** *Op. Cit.* 1980: p. 27.

[132] **Edward G. Dobson.** *The Complete Bible Commentary.* Nashville, Tennessee. Thomas Nelson Publishers. 1999: p. 1212.

[133] **Adam Clarke.** *Clarke's Commentary – Matthew-Revelation. Vol. V.* Nashville, Tennessee. Abingdon. N.d.: p. 190.

[134] **R. Yaron.** *The Restoration of Marriage. In Journal of Jewish Studies.* 1966: 17:8-9.

[135] **D. A. Carson.** *Op. Cit.* 1994: p. 88.

[136] **John Calvin.** *Op. Cit.* 1979: p. 381.

[137] **Jay Adams.** *Op. Cit.* 1980: p. 63; Warren Wiersbe. *Op. Cit.* 1989: p. 70.

[138] **John Murray.** *Op. Cit.* 1961: p. 12.

[139] **Ibidem,** p. 10-12.

[140] **Levítico** 20:10; Deuteronômio 22:22.

[141] **João** 8:1-11.

[142] **Mateus** 1:18-25.

[143] **Warren Wiersbe.** *Op. Cit.* 1989: p. 70.

[144] **Mateus** 5:31,32.

[145] **John Murray.** *Op. Cit.* 1961: p. 27; 1999: p. 119.

[146] **John Murray.** *Op. Cit.* 1961: p. 12.

[147] **Warren Wiersbe.** *Op. Cit.* 1989: p. 70; John Murray. *Op. Cit.* 1961: p. 10; Frank Stagg. *Matthew. In The Broadman Bible Commentary. Vol. VIII.* Nashville, Tennessee. Broadman Press. 1969: p. 187.

CASAMENTO, DIVÓRCIO E NOVO CASAMENTO

[148] **Frank Stagg.** *Op. Cit.* 1969: p. 187.

[149] **John Murray.** *Op. Cit.* 1961: p. 12.

[150] **Mateus 19:8**

[151] **Malaquias 2:16.**

[152] **Malaquias 2:16.**

[153] **Mateus 19:8.**

[154] **Mateus 19:6.**

[155] **Matthew Henry.** *Matthew to John. Vol. V.* New York, New York. Fleming H. Revell Company. N.d.: 269.

[156] **Norman Geisler.** *Op. Cit.* 2000: p. 282.

[157] **Mateus 19:9.**

[158] **Walter Kaiser.** *Op. Cit.* 1983: p. 200-201.

[159] **S. R. Driver.** *The International Critical Commentary: A Critical Exegetical Commentary on Deuteronomy.* Edinburgh, PA. T & T Clark. 1895: p. 272.

[160] **Guilhermo Hendriksen.** *El Evangelio Segun San Mateo.* Grand Rapids, Michigan. Subcomision Literatura Cristiana. 1986: p. 753.

[161] **David Instone-Brewer.** *Jesus'Teaching Divorce on Biblical Grounds Only. In Biblical Divorce and Remarriage.* http://www.tyndale.com. ac.uk/brewer/Academic/Chap-06.htm . 2001: p. 35.

[162] **Jeremias 3:6-8.** Veja ainda Isaías 50:1.

[163] **Jeremias 3:1.**

[164] **Jeremias 3:14.**

[165] **Jeremias 3:22.**

[166] **Oseias 2:14-23.**

[167] **Mateus 19:8.**

[168] **Warren Wiersbe.** *Op. Cit.* 1989: p. 71.

[169] **John A. Broadus.** *Comentário de Mateus, Vol. 2.* Rio de Janeiro, RJ. Casa Batista de Publicações. 1967: p. 134.

[170] **D. A. Carson.** *Op. Cit.* 1994: p. 88.

[171] **John Calvin.** *Op. Cit.* 1979: p. 382-83.

[172] **David L. Brown.** *Marriage, Divorce & Remarriage.* http: //logosresourcepages.org/divorce.htm

[173] **Mateus 1:18-20.**

[174] **D. A. Carson.** *Op. Cit.* 1994: p. 88.

[175] **Gerhard Kittel.** *Theological Dictionary of the New Testament. Vol. VI.* Grand Rapids, Michigan. William B. Eerdmans Publishing Company. 1968: 592.

O DIVÓRCIO: A DISSOLUÇÃO DO CASAMENTO

[176] **John Stott.** *Grandes Questões sobre Sexo.* Niteroi, Rio de Janeiro. Vinde Comunicações. 1993: p. 84.

[177] **John Murray.** *Divorce.* Phillipsburg, New Jersey. Presbyterian and Reformed Publishing Co. 1961: p. 21.

[178] **John Murray.** *Op. Cit.* 1961: p. 33.

[179] **Stephen Wilcox.** *The Restoration of Christian Marriage – A Call for Repentance and Reformation: The Authoritative Teaching of the Early Church.* http://members.trupath.com/godsway/fathers.

[180] **John Murray.** *Op. Cit.* 1961: p. 35-36.

[181] **Mateus** 19:4,5.

[182] **Mateus** 19:5,6.

[183] **Mateus** 19:6.

[184] **Mateus** 19:8.

[185] **Mateus** 19:9.

[186] **John MacArthur Jr.**, *Divorce & Remarriage.* http://gracechurch.org/divorce.asp . 2001: p. 2.

[187] **Mateus** 19:9 e 1Coríntios 7:15.

[188] **1Coríntios** 7:10,11.

[189] **Mateus** 5:32; Marcos 10:11.

[190] **John Murray.** *Op. Cit.* 1961: p. 98-102.

[191] **1Coríntios** 7:10-15.

[192] **John Stott.** *Grandes Questões sobre Sexo.* Niterói, Rio de Janeiro. Vinde Comunicações. 1993: p. 88-91.

[193] **1Coríntios** 7:15.

[194] **Confissão de Fé de Westminster,** capítulo 24, seção V e VI.

[195] **John H. Gerstner.** *The early Writings.* Vol. 1. Morgan, Pennsylvania. Soli Deo Gloria Publications. 1997: p. 94.

[196] **John H. Gerstner.** *Ibidem.* p. 96.

[197] **Kenneth O. Gangel & James C. Wilhoit.** *The Christian Educator's Handbook on Family Life Education.* Grand Rapids, Michigan. Baker Books. 1996: p. 143.

Capítulo 7
O novo casamento

O que a Bíblia tem a dizer sobre o novo casamento? Ele é proibido, permitido, desencorajado, tolerado ou recomendado? É importante saber o que Deus diz sobre isso, pois a opinião de Deus vale muito mais do que a dos homens. Fidelidade a Deus é mais importante do que popularidade. A verdade deve prevalecer sobre a conveniência.

O novo casamento é uma possibilidade legítima. A Palavra de Deus não fecha as portas para a reconstrução da vida conjugal. Apesar de muitos intérpretes das Escrituras serem radicais nesse particular, negando totalmente essa possibilidade, constatamos, através de um cuidadoso estudo do texto bíblico, que esse radicalismo não está amparado na Palavra de Deus.

O novo casamento depois da morte do cônjuge

O ENSINO APOSTÓLICO aprova o novo casamento no caso de viuvez. Paulo disse: *"Ora, a mulher casada está ligada pela lei ao marido, enquanto ele vive; mas, se o mesmo morrer, desobrigada*

CASAMENTO, DIVÓRCIO E NOVO CASAMENTO

ficará da lei conjugal. De sorte que será considera adúltera se, vivendo ainda o marido, unir-se com outro homem; porém, se morrer o marido, estará livre da lei e não será adúltera se contrair novas núpcias" (Romanos 7:2,3).

A Bíblia não apenas aprova o novo casamento, mas também o encoraja em determinadas circunstâncias. Paulo escreve: *"Quero, portanto, que as viúvas mais novas se casem, criem filhos, sejam boas donas de casa e não deem ao adversário ocasião favorável de maledicência"* (1Timóteo 5:14). Longe de reprimir o novo casamento para as viúvas e viúvos, Paulo o recomenda.

Paulo recomenda o novo casamento aos viúvos pelo mesmo motivo que recomenda aos solteiros que se casem, ou seja, por causa da dificuldade em controlar os impulsos e desejos sexuais. Assim escreve o apóstolo: *"E aos solteiros e viúvos digo que lhes seria bom se permanecessem no estado em que também eu vivo. Caso, porém, não se dominem, que se casem; porque é melhor casar do que viver abrasado"* (1Coríntios 7:8,9).

Novamente, o apóstolo Paulo reafirma a legitimidade de uma mulher viúva contrair novas núpcias, acrescentando aqui o tipo de pessoa com quem ela poderia se casar. O apóstolo diz: *"A mulher está ligada enquanto vive o marido; contudo, se falecer o marido, fica livre para casar com quem quiser, mas somente no Senhor"* (1Coríntios 7:39). Desta forma, Paulo aprova o novo casamento, mas reprova o casamento misto.

Alguns intérpretes posicionam-se contra o novo casamento com base em 1Timóteo 3:2,12 e Tito 1:6. Nos referidos textos o apóstolo Paulo descreve as qualificações dos bispos e diáconos. Nos dois textos Paulo coloca como exigência para ambas as funções que eles fossem maridos de uma só mulher. Mas, o contexto deixa claro que Paulo está condenando a poligamia e não o novo casamento no caso de viuvez ou divórcio.

O NOVO CASAMENTO

Jay Adams corretamente diz: "Paulo não está discutindo sobre quantas vezes o homem se casou, mas quantas esposas ele tinha".[198] A única interpretação plausível desses textos é que o bispo e o diácono não podiam ser polígamos, usá-los para desaprovar o novo casamento é ir além do que está escrito. Embora a poligamia fosse uma prática comum entre judeus, gregos e romanos, Paulo diz que um oficial da igreja de Deus deveria ser exemplo de conduta e não poderia ter mais de uma mulher ao mesmo tempo. O casamento monogâmico sempre foi o propósito de Deus para o seu povo, tanto na antiga como na nova dispensação.

O novo casamento depois do divórcio

O APÓSTOLO PAULO ENSINA alguns princípios importantes sobre o novo casamento. Vejamos o que ele diz: *"Considero, por causa da angustiosa situação presente, ser bom para o homem permanecer assim como está. Estás casado? Não procures separar-te. Estás livre de mulher? Não procures casamento. Mas, se te casares, com isto não pecas; e também, se a virgem se casar, por isso não peca. Ainda assim, tais pessoas sofrerão angústia na carne, e eu quisera poupar-vos"* (1Coríntios 7:26-28).

Os termos "separar-te" e "livre de mulher" são a mesma palavra na língua grega e têm o mesmo significado, focalizando o divórcio nos dois versículos. Obviamente, o contexto aqui não favorece a ideia de que a esposa estivesse morta. O que Paulo está dizendo é que este homem não devia se separar da sua mulher pelo divórcio, e se já estava divorciado, não deveria procurar novo casamento. Paulo contrasta a situação dos divorciados com a situação das virgens no mesmo versículo, quando diz:

CASAMENTO, DIVÓRCIO E NOVO CASAMENTO

"Mas, se te casares, com isto não pecas; e também, se a virgem se casar, por isso não peca" (1Coríntios 7:28). Paulo afirma que caso esse homem divorciado venha a se casar não cometerá pecado (1Coríntios 7:28). Desta forma Paulo apoia e ratifica o novo casamento para pessoas divorciadas, mesmo em tempos de perseguição, quando o casamento era desencorajado (1Coríntios 7:26). De acordo com o ensino do apóstolo, o novo casamento não constitui um pecado.

Aqueles que proíbem o novo casamento para pessoas divorciadas não encontram apoio nas Escrituras. Precisamos, contudo, reafirmar que a Bíblia é enfática em proibir o novo casamento por motivo banal, ou seja, quando o motivo do divórcio é outro que não a infidelidade (Mateus 19:9) ou o abandono (1Coríntios 7:15). Assim, chamar de pecado o que Deus não chama de pecado é um grave erro. O apóstolo Paulo alerta para o ensino perigoso dos espíritos enganadores que proíbem o casamento (1Timóteo 4:3).

A Bíblia não nos autoriza a colocar esse fardo sobre os ombros daqueles que foram vítimas da infidelidade do cônjuge ou foram abandonados. Assim, onde a Bíblia permite o divórcio, ela também ratifica o novo casamento. Essa exceção somente é feita aos sacerdotes. Assim diz o profeta Ezequiel: *"Não se casarão nem com viúva nem com repudiada, mas tomarão virgens da linhagem da casa de Israel ou viúva que o for de sacerdote"* (Ezequiel 44:22). Deus não está proibindo todos os homens de se casarem com viúvas ou com mulheres divorciadas. A Palavra de Deus não se contradiz. O foco aqui é a classe sacerdotal. Certas coisas eram lícitas aos demais homens, mas não eram permitidas aos sacerdotes.

Jay Adams corretamente sintetiza esse ponto:

O NOVO CASAMENTO

1. O novo casamento, em geral, não é somente permitido, mas em alguns casos encorajado e ordenado. Isto evidencia a posição favorável ao novo casamento no Novo Testamento. 2.O novo casamento depois do divórcio não é proibido. Aqueles que estão divorciados, caso se casem, não pecam, mesmo que isso aconteça em tempos perigosos, quando o casamento é desencorajado. [199]

Circunstâncias em que o novo casamento é permitido

O NOVO CASAMENTO é permitido para aqueles que se divorciarem pelas duas razões apontadas nas Escrituras: infidelidade e abandono. Se o divórcio é legítimo, o novo casamento também o é. Se o divórcio é ilegítimo, o mesmo acontece com o novo casamento. Fora dessas duas provisões, o divórcio não é aceitável aos olhos de Deus e o novo casamento constitui-se em adultério.

O divórcio e o novo casamento não são considerados legítimos aos olhos de Deus fora das cláusulas exceptivas de infidelidade e abandono. Jesus foi categórico: *"Qualquer que repudiar sua mulher, exceto em caso de relações sexuais ilícitas, a expõe a tornar-se adúltera; e aquele que casar com a repudiada comete adultério"* (Mateus 5:32). Os evangelhos de Marcos e Lucas não citam a cláusula exceptiva da infidelidade conjugal como base para o divórcio, nem mesmo a possibilidade de um novo casamento legítimo. Isso enfatiza a posição contrária de Jesus ao divórcio e ao consequente novo casamento, onde não há relações sexuais ilícitas. O evangelista Marcos registra: *"E ele lhes disse: Quem repudiar sua mulher e casar com outra comete adultério contra aquela. E, se ela repudiar seu marido e casar com outro, comete adultério"* (Marcos 10:11,12). Lucas igualmente escreve:

CASAMENTO, DIVÓRCIO E NOVO CASAMENTO

"*Quem repudiar sua mulher e casar com outra comete adultério; e aquele que casa com a mulher repudiada pelo marido também comete adultério*" (Lucas 16:18). Por que nesse caso o segundo casamento constitui-se em adultério? Porque o primeiro casamento não foi desfeito. Robert Plekker corretamente afirma que aos olhos de Deus, o marido divorciado ainda está casado com a primeira esposa.[200] Aos olhos de Deus aquele casamento não foi dissolvido. Divórcio ilegítimo não dissolve o vínculo conjugal. Mesmo que um juiz tenha concedido a certidão de divórcio, aos olhos de Deus aquela relação permanece intacta. Jesus disse: "*O que Deus ajuntou não o separe o homem*" (Mateus 19:6). Nenhum ser humano tem autoridade ou competência para desfazer o vínculo conjugal. Por isso, mesmo que o divórcio tenha sido legítimo pelas leis humanas, pode não ser legal aos olhos de Deus. Uma coisa não é moral apenas por ser legal. Aprovar o divórcio quando Deus o reprova é um grande risco. Deus disse: "*Eu odeio o divórcio*" (Malaquias 2:16). Ele o odeia porque instituiu o casamento para ser uma união indissolúvel entre um homem e uma mulher – por toda a vida. E continua assim até hoje, mesmo depois da queda. Deus não mudou por causa da queda, nós mudamos. Plekker comenta: "Aqueles que estão passando pela experiência de um divórcio civil enganam apenas a si próprios, não a Deus, pensando que agora estão solteiros [...] exceto a infidelidade conjugal, todas as tentativas de divórcio são inválidas, segundo o ensino de Jesus"[201]

De acordo com o ensino de Jesus, no caso de infidelidade conjugal a parte inocente está apta não apenas a divorciar-se, mas também a contrair novas núpcias. Assim diz o Senhor: "*Eu, porém, vos digo: quem repudiar sua mulher, não sendo por causa de relações sexuais ilícitas, e casar com outra comete adultério [e o que casar com a repudiada comete adultério]*" (Mateus 19:9).

O NOVO CASAMENTO

Jesus está dizendo que quem repudiar sua mulher por causa de relações sexuais ilícitas e casar com outra não comete adultério. De igual forma Jesus está dizendo que quem se divorciar e casar de novo, sem ser por relações sexuais ilícitas, comete adultério, e quem casar com a repudiada também comete adultério. Por quê? Porque aos olhos de Deus o marido divorciado é ainda o marido da mulher repudiada e a mulher repudiada ainda é a esposa do homem que a repudiou. É como se o divórcio não tivesse acontecido. Portanto, ao contrair novas núpcias ele comete adultério e quem casar com a repudiada comete adultério, porque aos olhos de Deus ela ainda é esposa do marido que a repudiou. Robert Plekker comenta:

> Muitas pessoas consideram que qualquer pessoa divorciada é solteira e livre para casar de novo. Esta ideia errônea confunde o assunto, e o diabo tem grande prazer em confundir esta conclusão pervertida em todos os programas de televisão hoje [...] Se a pessoa culpada estivesse livre para casar de novo, o segundo casamento não poderia ser chamado de adúltero. Mas Cristo disse que seria adultério – mesmo para a terceira pessoa (seu futuro segundo marido). "E aquele que casar com a repudiada, comete adultério" (Mateus 19:9) [...] Se a pessoa culpada estivesse livre para casar de novo, o segundo casamento por definição seria um casamento santo, possibilitado por e através do pecado da pessoa culpada. O pecado nos liberta? Deus não premia ninguém pelo pecado. A pessoa culpada não pode casar de novo sem cometer um outro pecado: adultério.[202]

De acordo com o ensino de Jesus o novo casamento só é permitido quando a causa do divórcio for relações sexuais ilícitas. A legitimidade do divórcio autentica e legitima o novo casamento.

CASAMENTO, DIVÓRCIO E NOVO CASAMENTO

Não tem sentido falar em divórcio legítimo e proibir o novo casamento. Onde acontece um divórcio legítimo, pavimenta-se o caminho para novas núpcias.

O apóstolo Paulo aponta a outra cláusula exceptiva para o divórcio e o novo casamento: o abandono do cônjuge incrédulo. Diz o apóstolo: *"Mas, se o descrente quiser aparte-se, que se aparte; em tais casos, não fica sujeito à servidão nem o irmão, nem a irmã; Deus vos tem chamado à paz"* (1Coríntios 7:15). A incredulidade do cônjuge não é motivo para divórcio (1Coríntios 7:12-14), mas o abandono sim (1Coríntios 7:15).

O divórcio por abandono dá ao cônjuge abandonado o direito de se casar novamente. A legitimidade do divórcio para a pessoa que foi abandonada abre o caminho para um novo casamento também legítimo. Em tais casos, diz Paulo, não fica sujeito à servidão nem o irmão nem a irmã. Com isso, Paulo está dizendo que o cônjuge crente que foi abandonado pelo não crente está livre do vínculo conjugal. O abandono dissolve o casamento. Esta passagem de 1Coríntios 7:15 é paralela a Romanos 7:2: *"Ora, a mulher casada está ligada pela lei ao marido, enquanto ele vive; mas, se o mesmo morrer, desobrigada ficará da lei conjugal"*. Assim como em Romanos 7:2 Paulo afirma que a mulher está ligado ao marido enquanto ele viver, em 1Coríntios 7:15 Paulo afirma que a esposa está ligada ao seu marido enquanto ele estiver disposto a viver com ela, mas se ele se apartar dela, ela está livre do jugo conjugal. Assim, o abandono anula o vínculo conjugal e abre o caminho para um novo casamento.

A escolha de ficar só

O **NOVO CASAMENTO É** uma possibilidade, não uma obrigatoriedade. Se o divórcio é legítimo, o novo casamento também o

O NOVO CASAMENTO

é. Mas, o novo casamento não é imperativo. Uma pessoa divorciada pode optar por permanecer sozinha. O novo casamento traz em sua bagagem novos problemas e maiores desafios, sobretudo se incluir os filhos do primeiro casamento. O novo cônjuge pode preencher o espaço daquele que se foi, mas a figura do pai e da mãe são insubstituíveis. Os filhos são as maiores vítimas do divórcio e do novo casamento de seus pais. Quem mais sofre com o novo casamento são os filhos do primeiro casamento.

Cada pessoa precisa avaliar as consequências do novo casamento antes de assumir esse compromisso. Como já afirmamos, 70% das pessoas que se casam novamente voltam a se divorciar depois de dez anos. O segundo casamento exige ainda mais investimento e renúncia do que o primeiro, pois apresenta mais fatores de risco do que o primeiro. Nem sempre é fácil administrar o relacionamento conjugal com uma pessoa que já foi casada, especialmente quando ela precisa manter contato com o primeiro cônjuge por causa da guarda dos filhos ou outras pendências.

A mulher geralmente enfrenta melhor a decisão de permanecer sozinha. Poucos homens têm estrutura para permanecerem sós depois do divórcio. O conselho de Paulo é que se a pessoa divorciada ou viúva conseguir viver só, esse é o melhor caminho. Porém, é melhor casar do que viver abrasado, visto que não há nenhum erro ou pecado em contrair novas núpcias.

O novo casamento precisa ser mais criterioso ainda que o primeiro e não deve ser decidido de forma precipitada. Muitas pessoas saem de um casamento turbulento para logo depois se envolverem em relacionamentos ainda mais adoecidos e traumáticos. É consumada loucura entrar num segundo casamento sem antes passar por uma profunda reflexão. A pressa, a paixão irrefletida ou o envolvimento sexual com o(a) pretendente do segundo casamento são fatores de alto risco. O segundo

CASAMENTO, DIVÓRCIO E NOVO CASAMENTO

casamento precisa ser feito na dependência de Deus, de acordo com os princípios de Deus, caso contrário, é melhor ficar só. A solidão é melhor do que um relacionamento doentio. É preferível ficar só do que ter um casamento desequilibrado. A opção de não casar ou permanecer só depois do divórcio não é fácil. Administrar as carências afetivas, a pressão sexual e a cobrança das pessoas exige domínio próprio e muita serenidade espiritual. Somente aos pés do Senhor é possível viver nessa condição sem ceder às paixões da carne. Uma coisa é o celibato deliberado, outra bem diferente é querer se casar e ver esse sonho sendo adiado. Uma coisa é alguém viver solteiro sem sofrer as pressões internas e externas, outra bem diferente é viver só, quando todos os impulsos do corpo e todos os anseios da alma clamam pelo casamento. Um forte desejo de se casar, contudo, não justifica uma entrega irrefletida à primeira pessoa que aparecer. A necessidade do casamento não deve diminuir as exigências para uma escolha sábia. A não ser que o cônjuge seja um presente de Deus, o casamento não vale a pena. Casamento a qualquer preço é loucura. A Bíblia diz que se o Senhor não edificar a casa, em vão trabalham os que a edificam (Salmos 127:1).

A igreja precisa oferecer um ambiente favorável de integração, comunhão e ministério tanto para os jovens adultos solteiros como para os descasados. Cobrança e preconceito são atitudes que aumentam ainda mais a pressão e a angústia daqueles que vivem sós. A igreja precisa ser um lugar de aceitação, terapia e crescimento emocional e espiritual para aqueles que buscam o casamento ou para aqueles que anseiam reconstruir a vida conjugal.

O NOVO CASAMENTO

Notas do capítulo 7

[198] Jay E. Adams. *Marriage, Divorce and Remarriage.* Grand Rapids, Michigan. Zondervan Publishing House. 1980. p: 81.

[199] Jay Adams. *Ibidem,* p. 86.

[200] Robert J. Plekker. *O Divórcio à luz da Bíblia.* São Paulo, SP. Edições Vida Nova. 1988. p: 22.

[201] Robert J. Plekker. *Ibidem.* P: 33.

[202] Robert J. Plekker. *Ibidem,* p. 55-56.

Conclusão

O **CASAMENTO** nasceu no coração de Deus, antes de ser celebrado pelo homem. Sua origem está no céu e não na terra. Deus é o arquiteto e construtor do casamento. Ele é quem dá o fundamento para o casamento, e também o edifica, protege e galardoa. O casamento ideal é um cordão de três dobras, onde Deus é o elo que cimenta e galvaniza a relação conjugal. O casamento não é uma relação experimental, mas uma aliança que só deve terminar com a morte.

O divórcio é um expediente humano, não uma provisão divina. Diferente do casamento, ele nasceu na terra, não no céu. Ele é fruto da dureza do coração humano, não da perfeita vontade de Deus. O divórcio é permitido, não ordenado. Ele quebra o que Deus uniu, por isso, Deus o odeia. Ele é um intruso na obra de Deus. O Senhor o permite em circunstâncias específicas e não de forma generalizada. Adultério e abandono são os únicos critérios apontados pela Palavra de Deus para legitimar o divórcio. Porém, o perdão e a reconciliação devem ser preferidos ao divórcio. Ele é o último expediente e não a primeira alternativa para a crise da relação conjugal.

O novo casamento é uma possibilidade legítima e uma recomendação saudável aos que enfrentam a viuvez. Também é um expediente legítimo para todos aqueles que se divorciaram fundamentados pelos dois critérios bíblicos, ou seja, o adultério e o abandono contumaz e irreversível. Se o divórcio ocorreu por motivos legítimos, o novo casamento também será legítimo. Assim, não podemos desaprovar o que Deus aprova, nem aprovar o que Deus condena. A Bíblia foi, é, e sempre há de ser nosso único farol na escuridão, nosso mapa na viagem da vida, nosso

CASAMENTO, DIVÓRCIO E NOVO CASAMENTO

único padrão de fé e conduta. Portanto devemos obedecê-la e nos apropriarmos das bem-aventuranças que sua observância nos oferece. O propósito de Deus é que tenhamos um casamento saudável, santo e feliz, e não um relacionamento adoecido, cheio de feridas e traumas.

Sua opinião é importante para nós.
Por gentileza, envie-nos seus comentários pelo e-mail:

editorial@hagnos.com.br

Visite nosso site:

www.hagnos.com.br